W pułapce wolności
Trapped in Freedom

MOTTO:

Z daleka samotna i nieruchoma
Szarzeje niedościgniona utopia Polaków
Statua Wolności

(**Edward Dusza**, "New York")

From afar alone and unmoving
graying more and more
stands the unachieved Polish utopia
The Statue of Liberty

(trans. by Wacław Iwaniuk)

Mirosława Kruszewska

(rys. Kuba Bryzgalski)

Mirosława Kruszewska

W pułapce wolności

Trapped in Freedom

Opracowanie i słowo wstępne
Editing and Introduction
EDWARD DUSZA

WYDANIE DRUGIE, uzupełnione.
SECOND EDITION, expanded.

Published and Printed in the United States of America
Chicago 2007

Przekład na język angielski
Translation from Polish language:
GENOWEFA ŁĘGOWSKA (G. LEGOWSKI),
Rev. TADEUSZ HORBOWY, WACŁAW IWANIUK,
MIESZKO KRUSZEWSKI, MAGNUS J.KRYŃSKI

Konsultacja literacka wersji anglojęzycznej
English version literacy consulting:
Prof. WILLIAM L. CLARK
GENOWEFA ŁĘGOWSKA

Projekt okładki
Cover designed by:
KONRAD KRUSZEWSKI

DSP Publishing
http://www.dsp.go.pl

Copyright by Mirosława Kruszewska 2007

Visit our website at: www.polishamericanpoetry.com

Rodzicom – Alfredzie i Mieczysławowi
poświęcam

———————————

To my beloved Parents

SŁOWO WSTĘPNE

Z wielką przyjemnością oddaję dziś do rąk Czytelników najnowsze wydanie poezji Mirosławy Kruszewskiej. Dane mi było już przed laty wydać tomik jej wierszy w ramach emigracyjnego debiutu w Poray Book Publishing, w 1987 roku. Nakład został przekazany w całości przez Pomost do Polski. Dziś upływa dwadzieścia lat od chwili tegoż wydania, a trzydzieści lat od debiutu poetyckiego Kruszewskiej w Polsce. Wydanie obecne jest wydaniem drugim. Zostało ono poprawione i poszerzone o wiersze z cyklu „Całopalenie" oraz juwenilia.

Wiele razy jeszcze przyjdzie nam zastanawiać się nad fenomenem poezji Mirosławy Kruszewskiej, jak również nad jej znaczeniem dla polskiej literatury emigracyjnej czy literatury polskiej w ogóle. Nie jest łatwo zdefiniować tę twórczość. Była ona zawsze, i jest, odrębnym zjawiskiem na mapie literatury emigracyjnej. Już na samym początku powstaje zwykła trudność techniczna - wiersze Kruszewskiej rozproszone są w przeróżnych czasopismach, polsko i anglojęzycznych, po całym świecie. Z polskich - od "Kultury" paryskiej począwszy, na skromnym "Miesięczniku Franciszkańskim" z Pułaski w Wisconsin, skończywszy. Wiele wierszy było przedrukowanych na dziko, bez informowania autorki o tym fakcie. Niektóre teksty, jak na przykład „Katyń", egzystują w Polsce jako utwory „nieznanego autora". Nikt dotąd nie pozbierał tego w całość i nie uporządkował, choć już ćwierćwiecze dawno minęło. Poza tym, by ogarnąć bogactwo intelektualne tej poezji, trzeba być samemu po trosze erudytą. Mamy w końcu do czynienia z twórczością osoby starannie wykształconej, polonistki z dyplomami, utalentowanej i wrażliwej, która, oprócz niekwestionowanego talentu, zna swe rzemiosło od strony teorii literatury jak mało który z emigracyjnych twórców.

Kruszewska publikowała zawsze wiele - przede wszystkim jest przecież dziennikarką, recenzentem teatralnym i literackim, felietonistką. Z powodzeniem uprawia publicystykę interwencyjną, co nie przysparza przyjaciół - szczególnie, gdy interwencje te odsłaniają przywary mściwego środowiska polskiego. Z wielkim poświęceniem tropiła też zawsze historyczne początki osadnictwa polskiego w Stanach Zjednoczonych, a jej publikacje na ten temat w "Nowym Dzienniku", "Dzienniku Chicagowskim" i "Nowojorskim", "Gwieździe Polarnej", w torontońskim "Głosie Polskim", „Echu", jak również w Giedroyciowych "Zeszytach Historycznych" i „Notre Famillie" należą do jednych z najciekawiej opracowanych badań nad historią wychodźstwa polskiego. Te prace również czekają na powtórne opublikowanie.

Debiut poetycki Mirosławy Kruszewskiej był niecodzienny. Zanim bowiem jej pierwsze wiersze pojawiły się na łamach słynnego gdańskiego tygodnika "Czas" (pismo szykanowane w swoim czasie za propagowanie ruchu solidarnościowego), zadebiutowała ona 2 stycznia 1977 roku własną audycją muzyczno-poetycką na antenie Polskiego Radia Gdańsk. Wtedy to właśnie, w rozmowie z młodą bohaterką wieczoru, zostały zapisane na taśmie magnetofonowej jej słowa o poecie - poławiaczu słów-pereł:

…"Trud poety pracującego w słowie, przyrównać można do mozolnej pracy poławiacza pereł, który błądzi po głębinach w poszukiwaniu muszli, a potem jakże wiele pustych muszli musi otworzyć zanim znajdzie w którejś z nich cenną perłę – słowo, którego z takim uporem i poświęceniem tak długo szukał"…

Pierwsze, nieopierzone jeszcze, próby poetyckie Kruszewskiej, to wyróżniony na VI Ogólnopolskim Studenckim Konkursie Literackim w Katowicach, w 1973 roku – "Vincent" (1971), poświęcony Van Goghowi. Po nim powstają "Barabasz" (1972), "Homer" (1972), „Orchidea" (1972), „Andrzej Trzebiński" (1971), „Werbel poetom Warszawy" (1975) i inne. Wszystkie pisane na marginesach przeczytanych książek lub programów teatralnych i dedykowane najbliższym przyjaciołom, nie dają się wcisnąć w banalne rymy i rytmy, za to znakomicie "recytują się" na scenie, najlepiej przy stoliku, na którym migoce płomień świecy. Te pierwsze wiersze, to poezja intelektualnego skupienia. Istotną rolę odgrywa w nich pauza, cisza, zamyślenie. Wiersz-rozmowa płynący do słuchacza w ciszy jest tworzywem, propozycją poetycką Kruszewskiej, którą realizowała ona później na emigracji m.in. w cyklu filozoficznym "Całopalenie".

Drugi debiut Kruszewskiej, już na łamach prasy emigracyjnej, nastąpił 23 kwietnia 1983 roku, kiedy to "Gwiazda Polarna" opublikowała dwa jej teksty poświęcone poetom Powstania Warszawskiego. Był to świetnie skomponowany rytmicznie "Werbel poetom Warszawy" oraz "Andrzej Trzebiński".

Fascynacja twórczością literacką żołnierzy AK, która definitywnie zamknęła Kruszewskiej drogę do kariery uniwersyteckiej w katedrze historii literatury na Uniwersytecie Gdańskim, w smutnych latach 70-tych, zaowocowała ostatecznie romantycznym echem w jej własnych tekstach poetyckich. Nie mogąc pozbyć się tej obsesji, pisze w końcu serię esejów krytyczno-literackich o poetach warszawskich (Gajcy, Bojarski, Stroiński, Trzebiński). Tropem tych postaci wędrowała kiedyś wiele miesięcy po Warszawie odnajdując ich rodziny i żyjących jeszcze przyjaciół. A był to wówczas temat bardzo niemile widziany.

Nowe fascynacje – tak najlepiej można nazwać twórczość Kruszewskiej już jako poetki emigracyjnej. Powstaje nowy cykl "Całopalenie", gorzkie "Reminiscencje polskie", tragiczny, niemal publicystyczny, cykl wierszy obozowych, oddający realia życia w obozie dla uchodźców w Traiskirchen w Austrii, wreszcie "Migawki amerykańskie".

"Całopalenie" skłania się ku całkiem nowym kręgom zagadnień, które zaznaczyły się wcześniej w "Barabaszu" (1972), powstałym na marginesie znanej powieści Par Lagerkvista. Niekonwencjonalnie podane treści filozoficzno-religijne, w które wpleciona jest też, oczywiście, odwieczna relacja Bóg-człowiek, przedstawione są w sposób prosty, czysty lirycznie, pełen humanistycznego niepokoju, choć bez śladu romantycznego buntu. Człowiek występuje tutaj jako twór integralny, próbujący zgłębić istotę swego wiecznego i ziemskiego przeznaczenia, w trudzie i w bólu, pomiędzy ziemią i niebem ("Całopalenie" I i II). Cytaty z Pisma Św. nie odgrywają tu roli przypadkowych ozdobników czy zbytecznych i pozbawionych filozoficznej wymowy potwierdzeń. Obecność ich jest w tekstach Kruszewskiej zawsze niezbędna – odgrywają one rolę przewodników wytyczających drogę myśli. Pytania i odpowiedzi. Z tym, że na wiele pytań odpowiedzi się po prostu nie dostaje...

"Reminiscencje polskie" - jedyna w swoim rodzaju poezja, która nie miała poprzedników i nie posiada kontynuatorów. Cykl ponurej rzeczywistości polskiej lat 70-tych i początku 80-tych, upadek zrywu wolnościowego na Wybrzeżu, dramat decyzji opuszczenia kraju. A zaraz potem wiersze z okresu pobytu w obozie dla uchodźców politycznych, gorzkie, beznadziejne rozrachunki z tym, co się stało, czy decyzja opuszczenia Ojczyzny była słuszna, samoudręczenie. Jednocześnie rodzi się fascynacja nową rzeczywistością, kolorową wolnością, którą napotkani ludzie ("Oni", 1982) ledwo zauważają i tak naprawdę nie doceniają, bo nie muszą o nią walczyć. Żyją sobie spokojnie, robią zakupy bez przepychanek i bez kartek, modnie się ubierają, wyglądają przez okno, starzeją się. I ten zgrzyt – ta refleksja i zazdrość, że oni są u siebie, wolni, szczęśliwi, żyją wśród swoich, nikt ich nie wygania z domów, nie muszą opuszczać ojczyzny, nie muszą się dostosowywać ani upokarzać, ani nie są wytykani jako obcy, nazywani pogardliwie "Auslaender" czy jeszcze gorzej: "Tschutch".

Tęczowo rozwibrowany "Tryptyk wiedeński" (1986), godny najlepszego pędzla impresjonisty, to kaskada wielkomiejskiego życia, jakby uchwycona na taśmie krótkiego metrażu. Zasadnicza różnica - krótki metraż nie jest w stanie oddać tej aury, tej wibracji i ukrytej dynamiki miasta, niepowtarzalności odcieni i zapachów, co poetce udało się doskonale wykreować zwykłym słowem w "Tryptyku". Film, fotografia – są martwe, a ten wiersz żyje, porywa wyobraźnię, wzrusza. Jest w nim wszystko: namalowana ulica, architektura miejsca, kałuża wokół fontanny, chłepczący wodę pies, stary człowiek, wrzaski bawiących się dzieci, wśród tych szaleństw mały Polak o imieniu Mieszko (autentyczny syn poetki, dziś tłumacz i pisarz języka angielskiego), a na końcu tej sielanki jak sztylet w serce:

> ... " i naraz czujesz jak jakaś tęsknota
> za widokiem paru mew
> kreślących ósemki po niebie
> ćmi gdzieś na dnie duszy
> jak bolący ząb"...

(„Tryptyk wiedeński", 1986)

Na koniec "Migawki amerykańskie". Nigdy nie kończąca się próba odnalezienia sensu w chaosie. Kruszewska sięga po nowe tworzywo - ogląda teraz rzeczywistość jak preparat na szkle pod mikroskopem. Nic się nie ukryje przed jej szkiełkiem i okiem, żadne oszustwo. Nowobogactwo, szmira, wciąż ten sam, wiecznie niespełniony „american dream" - przez stulecia mamiący nieszczęsnych przybyszów, tumaniący naiwnych marzycieli. Tragedie ludzkie tych, którym się nie udało. Miasta molochy - New York, Chicago, Los Angeles, Houston. Te wszystkie irytujące amerykańskie paradoksy, mit Ameryki i naga prawda. Z jednej strony wstręt, z drugiej zdominowanie rozmachem plebejskiej cywilizacji tego kraju, jak również świadomość, że ideał sięgnął bruku. Rozczarowanie, które szybko przeradza się w ironię i cynizm. Poszukiwanie śladów romantyzmu na Dzikim Zachodzie. A może nigdy go nie było?

Uroczy wiersz o żółtych taksówkach ("Yellow cab") jest delikatnym jedynie naśmiewaniem się z ciułaczy groszy, którzy boją się kowbojów współczesnego Manhattanu. Inne teksty nie są już tak delikatne. Czytając je odnosimy nieodparte wrażenie, że powstają one na polu walki albo raczej wyniesione zostały z pola walki. W tym miejscu nieodparcie przychodzi mi na myśl bohater "Moby Dicka", ten, który samotnie walczył z wielorybem. Najpierw stracił nogę, a potem wszystko. Tak samo autorka "Migawek amerykańskich" tropi swego wielorybiego potwora w przeraźliwej samotności. Lecz czy pójdzie z nim na dno?...

Ćwierć wieku już minęło dawno, a utwory poetyckie Mirosławy Kruszewskiej wciąż rozsypane są na wietrze. Sama autorka nigdy nie zabiegała o skompletowanie zbioru wierszy. Pisać na emigracji nie jest łatwo. Zwłaszcza, że nasze polskie pisma niechętnie mecenasują poetom i nie płacą za publikacje. Zapominają, że poeci są też ludźmi i żeby przeżyć muszą jednak coś jeść. Kruszewska odłożyła na długi czas pisanie, aby zbudować rodzinie dom. A dla niej przestać pisać, to znaczy przestać żyć. Tak, jakby pójść na dno z zabitym wielorybem.

Nie chciałbym narzucać swego sądu, atoli sam będąc poetą, uważam, że wciąż mamy zbyt mało wrażliwych krytyków, którzy uważnie czytają dobre wiersze. Nie umiemy naszych emigracyjnych twórców chronić, zachęcić do pisania, utorować im drogi do czytelnika. Ba, większość ludzi piszących nie ma nawet możliwości publikowania swych tekstów – tak w Polsce, jak i na emigracji.

W momencie wyjazdu z Polski czas nabiera dla nas nowego przyśpieszenia. Wchodzimy w inną rzeczywistość, mamy inne doświadczenia, odkrywamy nowe poetyki. Opada z nas krajowa postkomunistyczna teoria literatury. Dorośleją twórczo, uczymy się wraz z Kruszewską mówić poetyckim szeptem. Tego nie mogą zrozumieć krytycy w Polsce, przyzwyczajeni do bufonady i literackiego hałasu. Nie pojmują, że pisać w Polsce, to nie to samo, co pisać na wygnaniu. Tak, jak pan Józef Baran, próbujący ocenić twórczość Aleksandra Janty, nie ma pojęcia, że wciąż objuczony jest garbem archaicznej poetyki, że wciąż stoi w miejscu plotąc dyrdymały.

Jakiś, pożal się Boże, pan redaktor z Warszawy napisał w liście do Kruszewskiej "panią zabija pani emigracyjność". A cóż innego, na Boga Ojca, ma ją zabijać?! Przecież siedzi na emigracji ponad ćwierć wieku! Nie jest Szymborską, na całe szczęście, i nigdy nie napisze dytyrambu na cześć Stalina.

Poeci polscy w Polsce i poeci polscy na emigracji, to dwa całkiem różne zjawiska. Bardzo gorzkim faktem jest dziś to, że za wolnej i niepodległej Polski rodzimi stalinowcy zalewają rynek wydawniczy swą kulawą twórczością na grubych dotacjach finansowych, dostają Nobla, a współczesna, patriotyczna, poezja emigracyjna powoli milknie. Nauczmy się wreszcie ją dostrzegać – przynajmniej tę, która nie trzyma się kurczowo utartych szablonów i ma własny głos.

EDWARD DUSZA
Stevens Point, Wisconsin - 2007

INTRODUCTION

It is with great pleasure that I'm presenting to you the newest, second edition of poetry by Mirosława Kruszewska. Many years ago I had the pleasure of publishing a book of her poems as an immigrant's debut in Poray Book Publishing in 1987. Almost the whole edition was sent to Poland by Pomost [Social-Political Movement, USA]. It has been 20 years since this book was published, and 30 years have passed since Kruszewska poetry debut in Poland. The present edition is the second one of this book. It is a expanded version with addition of poems from the cycle *Całopalenie* [Immolation], and juvenilia.

One will have to reflect time and time again on the uniqueness of Mirosława Kruszewska's poetry and its significance for Polish literature in exile, or the Polish literature as a whole for that matter. It is not an easy task to define her work. It was, it is, and always will be a very distinctive phenomenon. From the very beginning there is a technical problem: Kruszewska's poems are dispersed in many different Polish and English magazines all over the world. Among the Polish poems there is a very well known Polish magazine *Kultura* published in Paris, and on the other end of the spectrum a small Catholic magazine *Miesięcznik Franciszkański* from Pulaski, Wisconsin. Many poems were published without her permission. Some, like the poem *Katyń* exist in Poland as an anonymous author's work. Nobody ever gathered them together as one collection and organized them in some kind of order, even though a quarter century has passed since than. Only an erudite can recognize the intellectual depth of this poetry. We are dealing with poetry written by a well educated person, who is also talented and sensitive. Not only has she unquestionable talent but also knows literary theories like almost no one among the emigrant poets.

Mirosława Kruszewska published often. One needs to remember that she is also a journalist, drama and literary critic, and newspaper and magazine columnist. She writes articles related to contemporary societal problems, and they do not make her a lot of friends, especially when these articles uncover vices of the vindictive Polish immigrant circles. She devoted a lot of time to track down the first Polish settlements in the United States. Her articles about them, published in USA - *Nowy Dziennik, Dziennik Chicagowski, Dziennik Nowojorski, Gwiazda Polarna*, in Canada - *Głos Polski, Pielgrzym, High Park*, in France - *Notre Famille* and *Zeszyty Historyczne*" (published by Jerzy Giedroyć), are one of the most interesting published research papers about the history of Polish settlers. These works also deserve second publications.

Mirosława Kruszewska's poetic debut was somewhat unusual. Before her first poems were published in the famous Gdańsk weekly a magazine *Czas* (magazine prosecuted on one point because of its "Solidarity" movement ideas), she launched her own poetry and music program in the Polish Radio Gdańsk on January 2, 1977. At that time during a conversation with the young heroine of the evening this words about a poet - pearl/word diver - were recorded:

..." The great pains the poet struggling with words goes to one can compare to the arduous work of the pearl diver who wanders in the sea depths looking for a shell. He has to open many empty shells before he finds one with the precious pearl: a word for which he was stubbornly looking with such a devotion"...

One of the first, still somewhat raw, attempts at poetry by Mirosława Kruszewska was *Vincent,* a poem relating to Vincent Van Gogh (1971). In the year 1973 this poem received honorable mention at the *VI Ogólnopolski Studencki Konkurs Literacki* [a national literary competition for university students] in Katowice. Other poems followed: *Barabasz* (1972), *Homer* (1972), *Orchidea* (1972*), Andrzej Trzebiński* (1971), *Werbel poetom Warszawy* (1975) and others. Those poems were written on the margins of books or theater programs and dedicated to her closest friends. They do not belong to the category of banal rhymes and rhythms, yet they sound great recited on the podium, by the candle on a little table. Those first poems are the product of an intellectually focused mind. Their important components are pause, inner silence, and reflection. Kruszewska wants to instigate conversation with listeners using words of poetry that flow to him/her in silence. This is the poetic offer that she continues to present when in exile. One example of that is philosophical cycle *Całopalenie.*

Second debut Mirosława Kruszewska had on April 23, 1983, this time in immigrant press. *Gwiazda Polarna* has published two of her poems relating to the poets who died in the Warsaw Uprising in 1944. These poems were *Andrzej Trzebiński* and rhythmic *Werbel poetom Warszawy.*

Kruszewska's fascination with literary works of the AK [Home Army] soldiers shut for her the door to a career in Polish academia. In the drab seventies she was not allowed to work at the Gdańsk University Polish Language Department. On the other hand her fascination with this poetry became a romantic presence in her own poetry and compelled to research the works and lives of these young poets. For many months she followed their trails in Warsaw, finding their families and surviving friends. In those post communist days in Poland that was not a smart thing to do. She finally wrote series of critical articles about these Warsaw poets (Gajcy, Bojarski, Stroiński, Trzebiński).

New fascinations: this is how one can best describe Kruszewska's works in exile. She produced a few new cycles of poems: *Całopalenie* [Immolation], bitter *Remniniscencje polskie* [Polish Reminiscences], tragic, almost journalistic cycle of poems from refugee camp Traiskirchen in Austria, and finally *Migawki amerykańskie* [American Pictures].

Poems from Całopalenie tend to lean toward new issues, somewhat relating to these one can find in before mentioned Barabasz, a poem inspired by very well known novel by Par Lagerkvist. Philosophical and religious issues intertwined with eternal relations between God and man appear here in unconventional yet simple way, in pure lyrical form with omnipresent on existential anxiety, but with no trace of romantic rebellion. A human being present here is an integral creature, who in pain and hardship, between heaven and earth, is trying to fathom the essence of his eternal and earthly destination (Całopalenie I and II). Quotations from the Holy Scripture are here not as decorative elements or unnecessary validations without philosophical significance. In Kruszewska's poetry they are always essential, they are here to provide guidance. All of these questions and answers! But for many questions we do not get answers.

Poetry of Remniniscencje polskie [Polish Reminiscences] is so original that it did not have predecessors and does not have imitators.

This cycle of poems comes from the grim reality of Poland in the seventies and the beginning of the eighties, the tragedy of the 1970 Gdańsk Events and the dramatic decision to leave the country. Then came poems from the political refugee camp: bitter, hopeless examination of everything that had happened, agony over the decision to leave the Homeland. At the same time came fascination with the new reality and colorful freedom. People she meets there (Oni [They] 1982) don't appreciate this freedom and don't even see it because they didn't have to fight for it. Their life is uneventful: they shop without pushing and shoving, don't need ration coupons, dress fashionably, look through their windows, get older. Clashes between this peaceful existence and the lives of the refugees brings about reflection and lingering envy: these people are home, free, happy, they live among their own, nobody chases them from their homes, they don't have to leave their Homeland, they don't have to adapt, suffer humiliations, nobody fingers them as strangers or calls them disdainfully Auslaender , or worse Tschutch.

Poem Tryptyk wiedeński [Vienna Triptych] (1986) is like a good impressionist painting, vibrating with colors of the rainbow. In a very short poetic moment she captured the cascade of life of big city. It is almost like a small documentary film, but on the tape it would be impossible to convey the atmosphere, vibration, dynamics, uniqueness of shades and smells of the city the way the words of poetry were able to in this poem. Movies and photographs are lifeless; this poem lives, inspires our imagination and touches emotions. There is everything there: picture of the street, architecture, a puddle by the fountain, a dog drinking water, an old man, screams of the playing children. Among this street craziness a little Polish boy name Mieszko appears (the real son of the poet, today a translator and a writer in English). In the end there is pain that feels like a stab in the hart:

> ...and suddenly you feel that longing
> to see a few seagulls
> drawing the eights on the sky
> lingers somewhere on the bottom of the soul
> like a toothache...

> (ViennaTriptych, 1986)

Finally we have Migawki amerykańskie [American Pictures]. These are endless attempts at making sense out of chaos. In this situation Kruszewska finds a new way to create her poetry. Now she looks at reality as a specimen under the microscope. Her sharp eye will find any kind of hidden deceptions. Nouveau-riches, junk, and always the same, never fulfilled American Dream, for ages seducing hapless immigrants, fooling the naïve dreamers. Tragedies of those who lost. Monster cities: New York, Chicago, Los Angeles, Houston. All of those irritating paradoxes: the legend of America versus the naked truth. One can feel revulsion, but also experience overwhelming grand scale of the plebeian civilization of this country. There is this feeling that the ideal is crushed, disillusion that breeds irony and cynicism. Also, if you search for romanticism in the Wild West, maybe it never existed.

The charming poem about the yellow taxis (Yellow Cab) gently makes fun of the penny pinchers afraid of the romantic cowboys of modern Manhattan. The other poems are not so gentle. Reading them one can get the impression that they were written on a battlefield or were reminiscences of battlefields. I have to think about the hero of Moby Dick, the one who fought the whale all by himself. First he lost a leg and then everything else. In the same manner the author of Migawki amerykańskie trails her whale monster in frightful loneliness. Is she going to the bottom of the sea with it?

A quarter century passed a long time ago. The poems of Mirosława Kruszewska are still like leaves scattered by the wind. She herself never sought a publisher for her poetry. It is not easy to be a poet in exile. Our Polish magazines do not help poets, and don't pay to publish poems. They easily forget that poets like other people have to eat. Kruszewska put aside writing for a while to build a house for her family. It was painful because for her to stop writing was to stop living: almost like going to the bottom of the sea with a dead whale.

I would not want to impose my judgment, but being a poet myself I think that there are not enough sensitive literary critics who would read good poetry with due attention. We do not protect our writers in exile, nor encourage them and help them to get to the reader. Most of the writers do not have opportunity to get their works published, not in Poland, not in their new country.

The moment we leave Poland time begins to speed up. We enter a new reality, get new experiences, discover new poetics. We unlearn the post communist literary theories we were taught in the old country. We grow up as creative beings and learn with Kruszewska to speak in poetic whispers. Literary critics in Poland, used to buffoons and lots of "literary" noise, cannot understand that. They do not understand that writing in Poland and writing in exile are two different things. One example is Józef Baran. When trying to explain works of Aleksander Janta, he did not realize that a heavy burden of archaic views on poetry holds him down and makes him write rubbish.

One pitiful editor from Warsaw wrote to Kruszewska: "You see everything through immigrant's eye and this is killing you." Well, what else can possibly be killing her? She is an emigrant for more than quarter of the century! She is not a famous Wisława Szymborska, thank God, and will never write poetry praising Stalin.

Polish poetry in Poland and Polish exiles poetry are two very different phenomena. One cannot escape a bitter feeling when in free, independent Poland, native Stalinists are flooding the publishing market with their lame works. They are the ones that get subsidized and get Noble prizes while contemporary emigrant poetry is slowly dying. Let us learn to appreciate the beauty and the message in the poetry from abroad in the way it deserves, especially this type of poetry, that does not cling to well known patterns and speaks with its own voice.

EDWARD DUSZA
Stevens Point, Wisconsin – 2007

Trans. by Genevieve Legowski

Z cyklu: „Reminiscencje polskie”

„Polish Reminiscence”

Decyzja

każdy z nas ma przynajmniej jeden powód
żeby wyjechać
brak perspektyw na przyszłość
mimo to wielu waha się
niełatwo jest
bez biegłej znajomości angielskiego
spakować manatki
sprzedać mieszkanie
i wyruszyć na drugi koniec świata

nie wymagajmy za wiele od innych
nie każdy lubi ryzyko
oni wiedzą swoje
a my swoje
cokolwiek zadecydujemy
to musi być nasza decyzja

czy żałuję decyzji wyjazdu?
nie - choć czasem tak się wydawało -
brakuje mi tu kilku ludzi
bo nie wszyscy w końcu wyjechali
brakuje kilku miejsc
bo jednak nie wszystko zabiera się z sobą

(1981)

The Decision

each of us has at least one reason
to leave
no perspective of the future
even though the decision wavers in some of us
it's not easy
without the fluent knowledge of English
to pack your stuff
sell your house
and to wander off to the other end of the world
let's not demand too much out of people
not everyone favors risk
they know "theirs"
and we know "ours"
whatever we decide - -
it must be our decision

do I regret the decision to leave?
No - though sometimes it seemed that way -
I miss a few people here
because not everyone left after all
I miss a few places
because in the end
one can't take everything
with oneself.

(1981)

Trans. by Mieszko Kruszewski

* * *

przychodzą żeby się pożegnać
a tak naprawdę żeby wypytać
gdzie jest obóz
jak się do niego dostać
ile kilometrów od Wiednia
pytania - odpowiedzi - domysły
większość pytań pozostaje
bez odpowiedzi
to co wiemy jest mgliste
trzeba sprawdzić samemu
"napiszcie natychmiast jak się urządzicie"
błagają
"napiszemy nie ma sprawy"

(Gdańsk, wrzesień 1981)

20

*   *   *

They come to say good-bye
but really to find out
where the refugee camp is
how to get there
how many kilometers from Vienna
questions - answers - speculations
most of the questions remain
unanswered
that which we do know is hazy
one must make sure for one-self
"write when you settle down"
they beg
"no problem, we will write"

(Gdansk, Poland - September 1981)

Trans. by Mieszko Kruszewski

Gdańsk jaki pamiętam

ludzie stoją na przystankach
godzina szczytu
tłok ścisk przepychanki
stary człowiek potyka się przy wsiadaniu
"oferma stara!" - złorzeczy ktoś pod nosem
ludzie potrącają się ktoś nie wytrzymuje nerwowo
ktoś puszcza wiąchę
wreszcie tramwaj rusza
coś zgrzyta w podwoziu
jeszcze komuś przycięło płaszcz
ktoś podniesionym głosem woła
o otwarcie drzwi
parę osób zrezygnowało
wolą poczekać na następny
może będzie luźniej
łudzą się
szare obojętne oczy
w których zamarły wszystkie uczucia...

(1981)

The Gdańsk I Remember

People waiting at tram stops
rush hour
crowding, cramming, pushing
an old man slips while getting on
"old fool!" someone grumbles under their breath
people push by one-another
someone loses their temper
another swears and curses
at last the tramway starts moving
something's screeching outside
someone's coat is caught in the door
somebody yells, "Open the door!"
several people stay back
rather waiting for the next tram
"maybe it'll be less crammed" they say
deluding themselves

gray, empty eyes
in which all feelings have been lost...

(1981)

Trans. by Mieszko Kruszewski

"Solidarnościowa"

emigrujesz bo jak powiedziałeś
nie ma innego wyjścia
nic cię już nie powstrzyma
ani Szwoleżerowie Gwardii
ani Kozietulski
ani gdyby wstało z grobu pół Armii Krajowej
masz dość wyjeżdzasz
dokąd?
najpierw do Austrii
a potem zobaczymy
byle dalej
byle dalej od tego wszystkiego
dzieci będą miały czyste mleko i owoce
czyste mleko tutaj - to marzenie
człowieka o niedorozwoju umysłowym
podobno magazyny tam pękają w szwach
marzy ci się kilka plasterków szynki na śniadanie
kilka plasterków zapakowanych
w pergaminowy papier
podanych z uśmiechem
nie tkniętych brudnym paluchem ekspedientki
nie łudzisz się - w najbliższym czasie
szynki nie ma w programie
na Pierwszego Maja owszem
przed świętami tak
albo przed Barbórką
nigdy w poniedziałek wtorek czy środę
jeśli trafisz kaszankę
znajomi ci pogratulują
i sucho stwierdzą że miałeś szczęście
spróbuj kupić koninę dla psa
w hali targowej wiecznie kolejka
i loteria: starczy dla ciebie czy nie
a może ludzie sami jedzą koninę?
człowiek z głodu zje wszystko

(1981)

24

Solidarity Emigration

you emigrate because like you said
there is no other way out
nothing will hold you back
not the Light-cavalryman Guard from Somosierra*
not colonel Kozietulski
not even if half the Home Army** rose from the grave
you can't take it anymore, you're leaving
where?
first to Austria
and then we'll see
just get away
just get away from all of this
children will have clean milk and fruit
clean milk here - is a dream
a dream of a mentally deficient human being
they say that magazines over there are bursting at the seams
you long for a couple of slices of ham for breakfast
a couple of slices wrapped in wax paper
given with a smile
untouched by a filthy finger of a saleswoman
you're not deceiving yourself - in the coming days
ham is not on the menu
on the First of May, sure
before Christmas, yes
or before St. Barbara's day
but never on Monday, Tuesday or Wednesday
should you find blood-wurst
your friends will congratulate you
and dryly comment that you had luck
try buying horse meat for your dog
at the covered marked there is always a line
and a lottery: will there be enough for you or not
or maybe people themselves eat horse meat?
out of hunger man will eat anything

Trans. by Magnus J. Kryński

---

* The famous charge in 1808 of the Polish Light-cavalry Guard under the command of Col. Jan Kozietulski, during which it broke through the Spanish resistance and opened the way for Napoleon to Madrid. It went into the annals of history as one of the most important and legendary of battles in Napoleon's Spanish wars.

** The Home Army (AK) - the Polish underground army of Resistance Movement during the German occupation in World War II, called to life by the National People's Council.

Wspomnienie

tym, którzy już zapomnieli

nie zapomnę tych nocy
gdy pod sklepami ustawiały się
ogromne kolejki
ludzie zaopatrzeni w koce
a nawet w śpiwory
wszyscy mieli termosy i kanapki
dla porządku sporządzano listę
wyznaczeni dyżurni sprawdzali obecność
co dwie godziny
kilkaset osób
trwało tak do jedenastej przed południem
dnia następnego - -
stojąc
siedząc na składanych krzesełkach
kimając na polowych łóżkach
znosząc cierpliwie chłód deszcz
i niewygodę
czekano na otwarcie sklepu
o jedenastej już kotłowało się
o jedenastej dwadzieścia wyglądał z drzwi
nieogolony kierownik
który oznajmiał że mają tylko 35 sztuk - -
nikt na Zachodzie
gdyby opowiedzieć co następowało potem
nie uwierzyłby
a działo się to w cywilizowanym kraju
w sercu Europy
w czterdzieści lat po wojnie

Remembering

To those who have forgotten

I won't forget those nights
when huge lines formed in front of stores
people covered in wool
or even in sleeping bags
everyone had a thermos and sandwiches
a list was provided for order
appointed orderlies marked absences
every two hours
several hundred people
endured like this till eleven in the morning
of the following day - -
standing
sitting on folding chairs
dozing in camp-beds
waiting out patiently the cold of rain
and discomfort
waiting for the opening of the store
at eleven it was already crowded
at eleven twenty an unshaved store manager
looked out through the door
and said that they only had 35 in stock
no one in the West
would believe
if told of what went on
but it happened in a civilized country
in the heart of Europe
forty years after the II World War

Trans. by Mieszko Kruszewski

Polska teraz

chlebuś powszedni pomarańcze delikatesy
wiecznie myślimy o swoim kałdunie
i zapominamy o najważniejszym
a przecież Polska to nie tylko
problem żarcia
ludzie stawiają pytania
wybiegają myślami w przyszłość
szamoczą się
wariują z bólu moralnego
choć są i tacy którym wszystko zwisa
mówią że jesteśmy głupim narodem
narodem jedynym w swoim rodzaju
że stale się usprawiedliwiamy
rozbiorami – położeniem geograficznym –
krótkowzrocznością naszych dowódców
że nie mamy pojęcia o polityce
nie znamy się na dyplomacji
że tylko gadamy i najlepiej potrafimy
przelewać z pustego w próżne

to fakt - -
my Polacy umiemy kłócić się
jak żaden inny naród
oskarżać nawzajem obrzucać błotem
zrywać umowy pielęgnować urazy
kochamy nienawidzieć
wieczni malkontenci egzaltowani romantycy
nerwusy
na emigracji wiecznie rozdarci
oddaleni od Polski
a w kraju
ciągle gdzieś wycieka czyjś zapał
stygnie energia
ktoś niszczy nasze nadzieje
odziera z marzeń

moim marzeniem jest wrócić do domu
otworzyć szeroko okno
wyjść na spacer z psem
poganiać z nim po łące i po plaży
i pojechać na grzyby do lasu

nie wydaje mi się aby to były
zbyt wygórowane marzenia

Poland Now

daily bread oranges delicacies
we always think of our belly
and forget about the most important things
but Poland is not just
a problem of gorging on food
people ask questions
thoughts running ahead to the future
they stumble about
driven insane by the moral pain
though there are those who simply don't care
saying that we are just an infantile nation
the only one of its kind
that we constantly make excuses:
partitions - geographic layout -
shortsightedness of our leaders
that we have no inkling about politics
that we just talk and are best capable of
whistling into the wind

fact - -
we Polish know how to argue
like no other nation
to accuse - to toss mud
break promises nurture resentment
we love hatred
eternal malcontents exalted romantics
worry warts
at emigration eternally separated
far away from Poland
and in the homeland
somebody's drive wanes
energy fades
someone's destroying our hopes
tearing us from our dreams

my dream is to return home
open wide the window
go for a walk with the dog
race with him through fields and on the beach
and go for mushrooms to the woods

it doesn't seem to me that these dreams are
too monumental in aspiration

Trans. by Magnus J. Kryński

Najnowsza historia Polski

Na początku była obietnica
zawarta w pieśni
że "zbudujemy nową Polskę"
było to o tyle uzasadnione
że stara Polska
w sensie materialnym
leżała w gruzach
zajęci układaniem
tysiąca cegieł na minutę
aniśmy się obejrzeli
a już trzeba było budować "drugą Polskę"
bo ta pierwsza już się była zawaliła
ta druga Polska miała być
"na miarę naszych marzeń i ambicji"
tak by ona sama "rosła w siłę"
"a ludziom żyło się dostatnio"
wszystko to wydawało się
bardzo łatwo osiągalne
ponieważ wiadomo było że "Polak potrafi"
niestety
dziś obie Polski obróciły się w pył
podczas gdy następne
przychodzą na świat
w postaci martwego płodu

Poland's Newest History

in the beginning there was a promise
contained within a song
that "we'll build a new Poland"
this was so well grounded
that the old Poland
in a material sense
lay in ruins
busy placing
a thousand bricks a minute
before we knew it
it was time to build a "Second Poland"
for the first had already crumbled
this second Poland was supposed to be
"according to our dreams and ambitions"
thus she would "grow into power" on her own
"and people will live contented"
all this seemed
very easily in reach
for it was known that "Poles are capable"
unfortunately
today both Polands have turned to dust
while the third
comes into the world
in the form of a dead fetus

Trans. by Mieszko Kruszewski

Z cyklu: „Traiskirchen"

_____

„Traiskirchen"

Konrad

dla Ciebie, Konrad-Johann, Synku

najmłodszy z naszej czwórki
jeszcze nie narodzony emigrant
mała zwinięta w kłębek istotka
różowa muszelka
denerwuje się w moim ciasnym brzuchu
gdy się urodzi będzie wolnym człowiekiem
będziemy pokazywać mu świat
cieszyć się jego wolnością
straszny z niego nerwus
przez całą podróż jakby rozpychał się łokciami

nie śpiesz się tak z tymi narodzinami synku
wytrzymaj aż przekroczymy granicę

(W nocy z 7 na 8 września 1981, na trasie Warszawa-Wiedeń)

Konrad *

To my beloved son, Konrad-Johann

the youngest of our quartet
a still unborn emigrant
a tiny curled up being
a tiny pink scallop
nervous in my tight belly
when he is born he'll be a free man
we will show him the world
happy about his freedom
he's a real worry-wart
through the whole journey
it's as if he's poking out with his elbows
don't hurry your birthday so, child
hold out until we cross the border

(On the Warsaw-to-Vienna, night express-train,
September 7-8, 1981)

Trans. by Mieszko Kruszewski

---

* Konrad was born on the third day after the Kruszewski's flight
from Poland, on September 11, 1981

W przedsionku do raju

Siostrze mojej, Grażynie

tych ludzi nic nie powstrzyma
czekali na ten moment zbyt długo
żyjąc plotką
zachłannie czytając listy STAMTĄD
podpierając ściany w biurach paszportowych
nie śpiąc po nocach z trwogi
"dostanę"
"nie dostanę"

teraz też nie śpią po nocach
nadsłuchując bicia własnego serca
też żyją plotką
czekają na listy
kradną po sklepach
prostytuują się
handlują
zapijają na śmierć

wegetując długie miesiące
w brudnych obozowych klitkach
lub kilkudziesięcioosobowych salach
często na skraju
człowieczeństwa
kilka razy dziennie przybiegają
pod tablicę ogłoszeń
żeby sprawdzić czy są na liście

w roztrzęsionym tlumku straceńców
uciekinierów
uchodźców
wszyscy zgodnie jak jeden mąż
usiłują sobie wmówić
że spędzają wakacje
najwspanialsze w życiu
wakacje w drodze do raju...

(Traiskirchen, Austria 1981)

36

In the Waiting Room to Paradise

To my sister Grażyna

nothing will hinder these people
they waited for this moment too long
they lived the gossip
avidly reading the letters from THERE
leaning against walls in the passport offices
not sleeping at nights from anxiety
"APPROVED"
"DENIED"

now they still don't sleep at night either
listening to their own heartbeats
still living through gossip waiting for letters
they steal from stores
they prostitute themselves
they wheel 'n' deal
they drink themselves to death

vegetating long months
in dirty camp cubicles
or in rooms with scores of people
often on the outskirts
of humanity
a few times a day they run
to the billboards
to see if they're on the list

in the agitating crowd of desperados
evaders
refugees
all agreed as one being
forcing themselves to believe
that they're on vacation
the best of their lives
vacation on the way to paradise...

(Traiskirchen Refugee Camp, Austria - 1981)

Trans. by Magnus J. Kryński

Utrata dziewictwa

po raz pierwszy w życiu
w wolnym świecie
zdejmują ci odciski palców
stoisz posłusznie jak baran
mało tego - modlisz się
żeby żandarm się nie rozmyślił
gruba owłosiona łapa
wprawnie chwyta cię za przegub dłoni
smaruje czarną papką palce
przyciska do kartonu z nazwiskiem
najpierw kciuk
potem palec wskazujący
i tak dalej
to samo z drugą dłonią
cały zabieg trwa kilka minut
a potem zdjęcia z profilu i en face
jeden flesz drugi trzeci
widzisz jak szybko poszło

(Traiskirchen, wrzesień 8, 1981)

Virginity Lost

for the first time in your life
in Free World
they take your fingerprint
you stand obediently like an idiot
not only that - you pray
that the gendarme doesn't change his mind
fat hairy paw
grabs your hand in a practiced way by your wrist
smearing black paste on your fingers
pressing to the cardboard with your name
first the thumb
then the index finger
and so on
the same with the other hand
the whole process takes only a few minutes
and afterwards the pictures in profile and en face
one flash, two, three
you see how fast it went

(Traiskirchen Refugee Camp, Austria - September 8, 1981)

Trans. by Mieszko Kruszewski

Tablica ogłoszeń

czytasz ogłoszenia na tablicy obozowej
"sprzedam telewizor"
"kupię rozmówki angielskie"
"odstąpię tanio fiata 126-p"
"grzałkę do herbaty"
"maszynkę elektryczną"
"listy do Polski w dwa dni"
"Kowalewscy są na Kwarantannie"
"Janek dzwoń"
czytasz te ogłoszenia
i nagle uświadamiasz sobie
ze ten naród
który zrodził rotmistrza Kozietulskiego
porucznika Morro
Baczyńskiego
Popiełuszkę
i tysiące innych
że ten naród jest nie do zdarcia
że potrafi zaistnieć w każdej sytuacji
że nie daje się choć musi emigrować
że nie godzi się być jakimś gastarbeiterem
osamotniony
stłamszony
opluwany
wykorzystywany do granic absurdu
jeszcze nie raz doświadczy niejednego upodlenia
i będzie bił się o swoje do upadłego

(Traiskirchen, 1981)

40

Billboard

you read the ads on the billboard:
"TV for sale"
"looking for English dialogues"
"selling at a cheap price: Fiat 126-p"
"tea warmer for sale"
"letters to Poland mailed in two days!"
"Kowalewski family on Quarantine"
"Johnny, call me"
you read these ads
and suddenly you become enlightened
that this nation
which gave birth to Colonel Kozietulski
lieutenant Morro
poet Baczyński
father Popiełuszko
and thousands of others
that this nation is invincible
that it is able to exist in any situation
that it does not surrender though must emigrate
that it does not accept being some "Gastarbeiter"
isolated
crushed
slandered
abused beyond the limits of the absurd
it will not just once experience degradation
and shall fight for its own to the last

(Traiskirchen Refugee Camp, Austria - 1981)

Trans. by Mieszko Kruszewski

41

Traiskirchen /I/

życie codzienne w obozie Traiskirchen
współczesna wersja Apokalipsy
od wieków chyba kołyszą się tu w oknach
emigranckie gacie na sznurku
polskie gacie też
najwięcej ich było przed stanem wojennym
choć właściwie zaczęliśmy na dobre uciekać
jeszcze w latach siedemdziesiątych - -
stare pokajzerowskie koszary
w kolorze brudnej secesji
wieloosobowe zatęchłe sale
nie uprzątnięte łazienki
z górami fekaliów na posadzce
ciemne typy na korytarzach
zielona fasolowa bryja w blaszanych miskach
wiecznie psujące się maszynki elektryczne
materace na których spały setki poprzedników
i to wyczekiwanie bez końca na interview - -
w podalpejskich pensjonatach
też nie jest lepiej
pokoje nory z powykręcanymi żarówkami
bez ogrzewania i ciepłej wody
wygospodarowane naprędce z chlewików
bądź piwnic
"kąpanie od piątej do piątej trzydzieści"
to kartka wywieszona na drzwiach do łazienki
z której korzysta dwadzieścia rodzin
"sranie od piątej do piątej trzydzieści"
dopisał ktoś czerwonym flamastrem
kreśląc grubą krechą zarządzenie właścicieli
a traiskircheński "Hilton" pęka w szwach
słynna Kwarantanna - etap stworzenia
wszystko tutaj zaczyna się od początku
potem znowu będzie "normalne życie"
tylko kiedy i gdzie
cholerne pytanie bez odpowiedzi

(Traiskirchen, wrzesień 1981)

42

Traiskirchen /I/

the everyday life in the refugee camp of Traiskirchen
a modern version of the Apocalypse
for ages they seem to have rocked in front of their windows
the emigrant's drawers on a rope
Polish drawers also
most of these were before Martial Law
although in fact we begun to run for good
during the seventies   - -
old Kaiser's Caserns
in the dirty color of a Secession
musty multipersonal rooms
filthy restrooms
with mountains of feces on the tile floors
dark types in the halls
green bean brew in tin bowls
eternally malfunctioning electric cooker
mattresses on which slept hundreds of predecessors
and the endless waiting for the interview - -
in sub-alpine INNS
it isn't much better
burrow-like rooms with unscrewed light bulbs
without heating and warm water
quickly improvised out of pigsties
or cellars
"bathing from five to five-thirty"
says notice on the bathroom door
which twenty families make use of
"shitting from five to five-thirty"
someone wrote-in with a red marker
Crossing-out with a fat mark the owner's message
and this "Hilton" of Traiskirchen is bursting at the seams
famous Quarantine - chapter of creation
everything here starts anew
afterwards again there will be a "normal life"
but where and when
the damned question without an answer

(Traiskirchen Refugee Camp, Austria - September, 1981)

Trans. by Mieszko Kruszewski

Traiskirchen /II/

obóz dla uchodźców politycznych
galeria osobowości
bezinteresowna życzliwość
i spontaniczna radość
chorobliwa zazdrość i zawiść
wrodzone malkontenctwo
wszystkie odcienie ludzkich pragnień
tęsknot marzeń kolorowych snów
ale równocześnie obsesje
lęki nienawiść i agresja
wielcy wygrani i krańcowo przegrani
ci co nie są już w stanie osiągnąć więcej
i ci co już niżej spaść nie mogą
zachłanni pazerni bezlitośni
ustawieni by wyjść na swoje
brać ile można i czyim kosztem się da
cyniczni wyrachowani i bezdennie głupi
ale też i wspaniali
tacy którym do szczęścia potrzebny jest tlen
błękit oceanu szum lasu uśmiech
i ten ogrom uroków życia
które czeka komplementów zachwytów oklasków
Traiskirchen - ile ludzi tyle charakterów
materiał na głębokie studia

(Traiskirchen, październik 1981)

44

Traiskirchen /II/

political refugee camp
gallery of individualists
disinterested livelihood
and spontaneous happiness
sick jealousy and envy
inborn malcontent
all shades of human desire
longings reveries colorful dreams
but at the sometime obsessions
fear hate and aggression
great winners and extreme losers
those who are not able to gain anymore
and those who can't fall any lower
greedy rapacious unmerciful
bent on getting what they want
taking as much as possible
at the expense of anyone available
cynical self-centered and hopelessly stupid
but also magnificent
those who only need fresh air for happiness
rustle of forest a smile azure of ocean
and the great outlook on life
which awaits compliments fascination applause
Traiskirchen - so many people so many characters
material for deep study

(Traiskirchen Refugee Camp, Austria - October, 1981)

Trans. by Mieszko Kruszewski

* * *

Waldkowi Widłakowi

Walduś nasz obozowy filozof
zwykł mawiać że nie wypada
rzucać żony tylko dlatego
że się zestarzała i zbrzydła
"podobnie jest z krajem własnych przodków" -
dodawał moszcząc się na pryczy w obozie Bad Kreuzen
czterdzieści lat wladzy ludowej
nie przydało Polsce urody
ale czy to jest wystarczający powód
aby ją porzucać - -
do jakiego punktu musi dojść człowiek
jeśli niemal z dnia na dzień
decyduje się zostawić najbliższych
ojca matkę kraj w którym wyrósł
nieziszczone plany i marzenia
i wreszcie - co jest najważniejsze -
kto ponosi za to odpowiedzialność?

(Bad Kreuzen, Górna Austria 1982)

46

* * *

To Waldemar Widłak

Valdi - our camp philosopher
had a habit of saying it's not proper
to leave your wife just because
she became old and ugly
"it is the same with the country of our ancestors" -
he added padding his bed of boards in Bad Kreuzen Camp
forty years of communist rule
did not add Poland' beauty
but is this o' key
to abandon it - -
to what point must a man come
if from day to day
he decides to leave those closest to him
father, mother, the country in which he grew up
not-realized plans and dreams
and finally - what is more important -
who takes the responsibility for this?

(Bad Kreuzen Refugee Camp, Upper Austria - 1982)

Trans. by Mieszko Kruszewski

Pierwsze zakupy

mojej Mamie, Alfredzie

pierwsze sprawunki
"po drugiej stronie"
mały sklep niedaleko obozu
pieczywo masło wędlina owoce
i mleko
pasteryzowane świeżutkie mleko
o którym marzą miliony rodaków w kraju
chude - tłuste
w niebieskich - czerwonych
bądź zielonych kartonach
także maślanka
zsiadłe
dla każdego
tanie
dostępne o każdej porze
i pod różnymi postaciami
dziesiątki kefirów
jogurtów
tuziny serów
jedna z moich "polskich obsesji"
nagle czuję jak spada mi garb z pleców

(Bad Kreuzen, Górna Austria 1981)

First Purchases

To my Mom, Alfreda

first shopping
"on the other side"
a small shop not far from the camp
bread butter ham fruit
and milk
pasteurized fresh milk
for which millions of countrymen dream
skim - full
in blue - red
or green containers
as well as buttermilk
sour milk
for everyone
cheap
available at all times
in a variety of forms
scores of kefirs
yogurts
dozens of cheeses
one of my "Polish obsessions"
suddenly I feel like a hump falls
of my shoulders

(Bad Kreuzen Refugee Camp, Upper Austria - 1981)

Trans. by Mieszko Kruszewski

Fluchty

Ewie i Jurkowi Kaczmarskim

centrum Wiednia w niedzielę
na przystanku tramwajowym grupka Polaków
rozpoznaję ich z łatwością
stoją w charakterystycznych pozach
zagubieni - jak zmokłe kury na deszczu
faceci w licencyjnych addidasach
i wycieruchach z Turcji
dziewczyny w szarych kieckach
jakże różnimy się od wiedeńczyków
gdzie te wyszukane kroje fasony klipsy
gdzie ów szyk jaskrawość kolorów
ekscentryczność i bogactwo odcieni?
jeszcze jesteśmy biedni
jeszcze nie zdążyliśmy się dorobić
mizerne blade twarze
twarze chłopo-robotników
kelnerów
niedoszłych inżynierów
i cinkciarzy
stracone pokolenie
emigranci - "fluchty"
Polacy z torbami plastikowymi w garściach
handlujący papierosami pod kościołem
towarzystwo zawsze skore do wypitki
i erotycznych szaleństw
wiecznie głodne
wiecznie nabzdyczone
odarte z marzeń

(Wiedeń, 1983)

50

Refugees

To Mrs. and Mr. Kaczmarski

center of Vienna on Sunday
at the tramway stop stands a group of Poles
I recognize them easily
they stand in their characteristic postures
lost - like wet chickens in the rain
men in licensed addidas
and blue jeans from Turkey
girls in grey skirts
how we differ from Viennesians
where are the sophisticated cuts styles and earrings
where is the grace vividness of colors
eccentricity and wealth of shades?
we are still poor
we haven't had time yet to amass a fortune
skinny pale faces
faces of common workmen
waiters
engineering wannabees
and money changers
lost generation
emigrants - "refugees"
Poles with plastic shopping sacks in their hands
dealing cigarettes in front of the church
a company always eager for a drink
and erotic frenzy
always hungry
always sulky
rubbed clean of any dreams

(Vienna, Austria - 1983)

Trans. by Mieszko Kruszewski

Oni

tutejsi - rozluźnieni beztroscy syci
żyją w wolnym kraju
nikt ich nie wygania z domów
nie muszą opuszczać ojczyzny
ale czy są szczęśliwsi od nas?
idę ulicami Wiednia
w oknie kwiaty i siwa głowa staruszki
nieruchome oczy zastygłe usta
być może choruje na serce
albo na samotność
na skrzynce z kwiatami przysiadł kot
chuda roztrzęsiona dłoń wodzi po futrze
już chyba nie potrafi i nie zdąży
opowiedzieć nikomu co czuje
za czym tęskni
co utraciła bezpowrotnie
i ja też nie mam takiej szansy
jeszcze jedna istota minie się z drugą
lecz jakie to może mieć znaczenie?...

(Wiedeń, 1982)

52

Them

local - relaxed, uncaring, well-fed
they live in a free country
no one evicts them from their homes
they don't need to abandon their fatherland
but are they happier than us?
I walk the streets of Vienna
in the windows there are flowers
and the gray head of an old lady
unmoving eyes, frozen lips
maybe she suffers from heart sickness
or from loneliness
on a box with flowers a cat sits down
a thin shaking hand travels through the fur
she probably is not able nor will she have time
to tell anyone what she feels
what she misses
what she irretrievably lost
neither do I have such a chance
being passes by another
one more
yet what could it possibly matter?...

(Vienna, Austria - 1982)

Trans. by Wacław Iwaniuk

Starość

starzy ludzie nienawidzą domów starców
wolą umierać we własnym domu
zaczekać na śmierć wśród znanych sprzętów
pamiętają je z dzieciństwa
bujany fotel w którym siadywała matka
i kołysząc maleństwo
nuciła do snu cudną kołysankę
kaflowy piec który pozostawiono
przez pomyłkę albo roztargnienie
francuskie łóżko
wielkie pudło na naparstki i nici
to ostatnie z mahoniu

starość uwielbia siedzieć w oknie
i obserwować zwariowany świat
podgląda przechodniów
przejeżdżające samochody
zdążających do parku przedszkolaków

starość obserwuje ulice
ze stoickim spokojem
w towarzystwie czworonoga
pies zdaje się wyczuwać utrapienia człowieka
u schyłku życia
rozumie go lepiej niż niejeden z domowników
często jest też bezzębny i niedowidzi
jak jego pan
i jednakowo czeka na śmierć

czy pies boi się śmierci?

myślę że on ten problem zostawia człowiekowi
który celuje w rozwiązywaniu zagadnień
indywidualistycznych i małostkowych
problem śmierci jest problemem człowieka
pies nie myśli o śmierci
pies nie jest małostkowy

Old Age

old people hate nursing homes
they prefer to die in their own houses
to wait for death among familiar furniture
they remember it from childhood
a rocking chair mother use to sit in
and lulling baby to sleep
she hummed a beautiful lullaby
a tile stove that was left
by mistake or absent-mindedness
a French bed
a big box for thimbles and threads
that was made of mahogany

old age loves to sit in the window
and to watch the crazy world
it snoops on passers-by
driving-by cars
preschoolers on their way to a park

old age watches the streets
with stoical calmness
having a four legged creature as a company
a dog seems to sense man's worries
at the end of his life
it understands him better then some of his comates
very often it is toothless and doesn't see well
just like its owner
and like its owner waits for death

is dog afraid of death?

I think that dog leaves this issue to the man
who excels in solving problems
that are individualistic and petty
the problem of death is man's problem
a dog does not think about death
a dog is not petty

Trans. by Genevieve Legowski

55

Psia tęsknota

psy tęsknią tak jak ludzie
tyle że my lubimy o tym mówić
one wyrażają tęsknotę ciałem
wyrazem oczu
a czasem po prostu milczeniem

albo wyją

jest taka słynna scena w filmie „Mondo Cane"
w której pies czeka na mężczyznę
który poszedł na wojnę
i nigdy z niej nie powrócił
pies czekał na swego pana przez wiele miesięcy
na dworcu na peronie

i potem co się z nim stało?

a czy ja wiem
pewnie zdechł

Dog Longing

dogs long like humans
but we like to talk about it
they express their longing with body
eye expression
and sometimes just by silence

or they howl

there is a famous episode in the movie "Mondo Cane"
where dog waits for a man
who went to war
and never came back
the dog waited for his master for many months
on the platform of a train station

and what happened to it later?

how should I know
probably died

Trans. Genevieve Legowski

Tryptyk wiedeński

Edwardowi Duszy w podzięce za wierną przyjaźń

wiedeńska ulica latem w południe
pora posiłku i odpoczynku - Mittagspause
pustoszeją secesyjne zaułki śródmieścia
sklepy z konfekcją urzędy muzea cukierenki
na trotuarach przed zamkniętymi sklepami
powiewają beztrosko na metalowych stojakach
pstre ubranka dla dzieci i damskie fatałaszki
ostatni przechodnie znikają
w drzwiach niezliczonych knajpek
serwujących zimne kajzerowskie piwo
i "winer-sznycel" na cały talerz
wszystko co żyje umyka przed skwarem

na zewnątrz pozostaje mieszanina zapachów
pomarańczy fajkowego tytoniu spalin
i świeżo parzonej kawy "Jacobs Monarch"
czasem uderzy w nos piwniczny zaduch
z niedomkniętych kamienic
pamiętających dobrze Franciszka Józefa
mieszkają tam teraz emeryci
i wrzaskliwi gastarbeiterzy tureccy
z kupą dzieciaków i babami w chustkach
rozpalony asfalt - gąbczasta masa
przywiera do buta ilekroć zapomnisz się
i zatrzymasz sekundę dłużej

na ulicy Maria-Hilfe stary człowiek z psem
pochylony nad strumieniem wody
tryskającym z fontanny
szeroko rozstawione nogi mokra koszula
gładko zaczesane siwe włosy
starzec pies i woda
cudownie orzeźwiające krople
prosto z alpejskich źródeł
za które nie trzeba płacić
stary człowiek ociera wierzchem dłoni pot z czoła
a jego czworonożny towarzysz
chłepcze wodę z szybko rosnącej kałuży

Vienna Triptych

To Edward Dusza with thanks for a faithful friendship

a street in Vienna on a summer noon
time of nourishment and rest - Mittagspause
the Secessional alleys of the beautiful inner city
are emptying
fashion shops, offices, museums, cafes - -
on the walkways before closed shops
clothes for kids and ladies fiddle-faddle
swing on metal stands
the last pedestrians disappear
in the doors of little cafes
that serve cold Kaiser beer
and "wiener schnitzel" the size of a large plate - -
all that lives hides from the heat

outside a mix of smells is left
oranges, pipe-tobacco, smog
and fresh made "Jacobs Monarch" coffee
sometimes a draft from the basements blasts your face
from unclosed tenements
clearly remembering Franz Josef's times
now there live pensioners
and noisy Turkish workers
with a bunch of tykes and women in veils
blazing asphalt - a spongy mass
it sticks to your shoes every time you forget yourself
and stand still for more than a second

on Maria-Hilfe Street an old man with a dog
bent over a stream of water
that squirts out of a fountain
wide spread legs, wet shirt
smoothly combed grey hair
old man, dog and water
divinely refreshing drops
straight from Alpine sources
for which you need not pay
the old man wipes the sweat off his forehead
with the back of his hand
and his four-legged friend
laps the water from a rapidly growing puddle

2.

po obiedzie Wiedeń odpoczywa w ciszy
z wybiciem trzeciej żaluzje znów idą w górę
jadę z dziećmi do parku przy Karlsplatz
gdzie swe barokowe kolumny wypina dumnie
fasada kościoła św.Karola Boromeusza
jest też fontanna z ogromną sadzawką
w której chlapią się maluchy
starsi chłopcy sterują po wodzie żaglówkami
"Ich bin Pole" melduje nagle jeden z moich synów
zagadującej go Austriaczce z małym dzieckiem
"meine Name ist Mieszko" - "ich bin Pole"
powtarza pokazując na siebie paluszkiem

rozhasana dzieciarnia wrzeszczy na cały plac
aż echo idzie od Boromeuszowych kolumn
dzieci nawołują się po imieniu do zabawy
i szaleją dookoła fontanny
siedzę niedaleko na ławce z gazetą w ręku
i słucham
jak w powodzi twardych niemieckich słów
raz po raz wzbija się w niebo
wesoło wykrzykiwane
imię polskiego księcia

3.

gdy o zmroku wracamy do domu
smagli chłopcy sprzedają gazety
przy wejściach do kolejki podziemnej
i na przystankach tramwajowych
cesarski "Kronen Zeitung" i "Kurier"
leżą w oddzielnie ułożonych kupkach
ludzie w biegu rzucają piątkę i pędzą dalej
nazywa się to "kupować gazetę u Murzynka"
niech sobie chłopak zarobi
o nie - wiedeńczycy nie są rasistami
ale też nie mieliby nic przeciwko temu
gdyby wszystkie Murzynki wróciły do siebie

w tym mieście parę lat temu był mój dom
dwuizbowy pokój z kuchnią
bez łazienki i ogrzewania
ze wspólną ubikacją na korytarzu
tak zwane "Zimmer-Kuche-Wohnung"
kto wynajmie takie mieszkanie

2.

after lunch Vienna rests in peace
at the stroke of three jalousies once more rise
I ride with my kids to the park by Karlsplatz
where the facade of the Church of St.Karl Borromaus
proudly displays its Baroque columns
there is also a fountain with a huge pond
in which little kids splash each other
older boys steer sail ships on the water
"Ich bin Pole" announces one of my sons suddenly
at an Austrian lady with a little kid
"meine Name ist Mieszko" - "ich bin Pole"
he repeats pointing at himself with a tiny finger

wild young ones scream all over the place
their echo rebounding off the Borromaus columns
kids call themselves by name to a game
and rave around the fountain
I sit not far away with a newspaper in hand
and listen
how in the flood of hard German words
time after time resounding to the skies
a happy screaming of
the name of a Polish prince

3.

as the sun sets we return home
dark boys sell newspapers
by entrances to subways
and on tramway stops
the Kaiser's "Kronen Zeitung" and "Kurier"
lie in separate organized stacks
people running by throw fivers and take off again
this is called "buying newspaper from the Negro-boy"
let the boy make some profit
o no - Viennesians aren't racists
but they also wouldn't have anything against
all Negro-boys going back home

in this city I had my home a few years ago
bicameral room with a kitchen
without bathroom and heating
the so-called "Zimmer-Kuche-Wohnung"
who will rent such a place

w stęchłej stuletniej kamienicy
za trzy tysiące miesięcznie
z kaucją dziewięć tysięcy i pół
chętnych nie brak nigdy
złoty interes dla właścicieli domów
w końcu trzeba gdzieś spać

Wiedeń - miasto muzyki i miłości
ma swoje perły i swoje liszaje
co ja tu właściwie robię
pytanie z tej samej serii
pytań bez odpowiedzi
żebyś nie wiem jak się bronił zapierał nogami
one i tak cię dopadną
i pewnego dnia unicestwią

i naraz czujesz jak jakaś tęsknota
za widokiem paru mew
kreślących ósemki po niebie
ćmi gdzieś na dnie duszy
jak bolący ząb

(Wiedeń, 1986)

62

for three thousand a month
with a down payment of nine thousand and a half
the supply of eager souls is never lacking
a golden business for home owners
in the end one has to sleep somewhere

Vienna - city of music and love
it has its pearls and its lichen
what am I doing here actually
a question from the same series
of questions without answers
no matter how you defend yourself, holding your ground
they'll get you anyway
and one certain day they'll destroy you

and at once you notice how a memory
at the sight of seagulls tracing eights in the sky
trembles in the depths of your soul
like an aching tooth

(Vienna, Austria, 1986)

Trans. by Mieszko Kruszewski

Z cyklu: „*Migawki amerykańskie*"

„ *American Pictures*"

Lądowanie

srebrzysty ptak kołysze leniwie skrzydłami
brzęczy szumi usypia
pustka przeraźliwie prześwietlona słońcem
i olbrzymia woda pod nami
wielki ocean pokonujemy jednym skokiem
o wiele szybciej niż Lindbergh
i o wiele bardziej komfortowo
olbrzymia woda
wielki ocean pod nami
szczelnie otulony przez chmury
nie robi żadnego wrażenia
czasem błyśnie w szczelinie
zafaluje łuskową skórą
na ekranie tuż pod nosem
jakaś sensacyjna akcja
z dialogami których nie rozumiem
sąsiad z prawej drzemie
sąsiad z lewej sprawiedliwie dzieli czas
między drzemkę i drinka
inni udają że czytają gazety
srebrzysty ptak kołysze skrzydłami
skrzypi brzęczy usypia
basowy pomruk silników zmienia brzmienie
skrzydła falują na powietrznych bąblach
krótki wstrząs oznajmia wysunięcie podwozia
schodzimy niżej i niżej
na moment oblepia nas mleczna wata
by nagle pokazać w dole poszarpaną linię wybrzeża
trudno się teraz dopchać do iluminatorów
każdy wypatruje Statui Wolności
słychać wielojęzyczne pokrzykiwania
stewardessy sprawdzają zapięcie pasów
a więc to już koniec wędrowki
jesteśmy na miejscu

(New York, sierpień 1982)

66

Landing

the silver bird lazily sways its wings
droning humming putting to sleep
a void glaringly lit up by the sun
and a great mass of water beneath us
we conquer the great ocean in one step
much faster than Lindbergh
and much more comfortably
giant water
great ocean beneath us
securely embraced by clouds
it no longer impresses as once long ago
sometimes it flashes through a cleft
a cayer of shifting crests
on the monitor close-by
some kind of flashy action
with dialogues I don't understand
My neighbor to the right sleeps
my neighbor to the left conservatively rations his time
between a snooze and a drink
others pretend that they're reading the newspaper
the silver bird sways its wings
squeaking droning putting to sleep
the base purr of the engines changes its drone
the wings tremble on pockets of air
a short rumble signals the lowering of the landing gear
we go lower and lower
milky cotton surrounds us for a moment
only to reveal suddenly the jagged line of the coast
it is hard now to push through to a window
everyone gawks at the Statue of Libery
cries several languages can be heard
stewardesses check if the belts are properly fastened
and so comes the end of the journey
we are here

(New York - August 1982)

Trans. by Mieszko Kruszewski

Take it easy

codziennie na lotnisku Kennedy'ego
lądują samoloty
tłum przybyszów z całego świata
a wśród nich obok tałatajstwa
jest kupa ludzi diabelnie zdolnych
Don Kichoci marzyciele masochiści
najbardziej nieugiętym najzdolniejszym
może się kiedyś powiedzie
nieudaczników widać potem na ulicy
przymierają głodem
te ulice to ostrzeżenie:
uważaj walcz bo zginiesz
patrzysz i myślisz
czy nie będziesz jednym z nich
i trzeba uczyć się języka
innych zwyczajów
innej cywilizacji
człowiek czasami czuje się jak dziecko
jak głupie dziecko
każdy sukces to nie tylko powód do radości
ale i niepokoju - -
czy to nie przypadek
czy uda się powtórzyć
nerwowość
pośpiech
i ciągle trzeba
wygaszać w sobie niepokoje
"take it easy"
mówią często Amerykanie

Take It Easy

everyday at Kennedy Air Port
airplanes land
a throng of visitors from all over the world
and among them next to the riffraff
there is a group of devilishly clever people
Don Quixotes dreamers masochists
the most unbending and efficient
one might someday say
the ill-apt are later to be seen on the street
dying of hunger
those streets are a warning:
watch-out fight or perish
you look and you think
if you don't want become one of them
and one must learn the language
strange customs
of a strange civilization
one sometimes feels like a child
like a stupid child
every success is not only a reason for celebration
but also for unrest -
is it a coincidence
or will it be possible to accomplish again
nervousness
hurrying
and one must always
quiet the worries within one self
"take it easy"
the Americans often say

Trans. by Magnus J. Kryński

Emigracja do Ameryki

Ojcu

wędrowanie do Ameryki to cała historia
jechali tu z Wielkiego Księstwa Poznańskiego
Prus Zachodnich Górnego Śląska
tysiąc osiemset pięćdziesiąty czwarty
tysiąc osiemset dziewięćdziesiąty
tysiąc dziewięćset dwudziesty
daty najdawniejsze nieco zapomniane
i te z najnowszych dziejów
wytarte torby emigrantów
przed laty ciśnięte w luk
płynęły statkiem długie tygodnie
bezimienny tłum stłoczony na pokładzie
kiedyś dziarscy chłopcy
pełne wdzięku dziewczęta
nasi dziadkowie nasze babki
imali się każdego zajęcia
zmywali w knajpach Brooklynu
malowali pokoje wstawiali szyby
sprzedawali lepy na muchy
wydawali gazety
usługiwali bogatym Żydom
handlowali mydłem i samochodami

a potem najkrwawsza z wojen
i seria nowych dat
tysiąc dziewięćset trzydziesty dziewiąty
czterdziesty piąty
pięćdziesiąty szósty
po wojnie niewielu zaryzykowało powrót do kraju
tych którzy wracali – jakże często aresztowano
na dworcu w porcie we własnym domu
w kilka minut po uściskaniu najbliższych
oskarżano ich o wszystko
o zdradę stanu o szpiegostwo
piloci RAF-u marynarze "Orła"
czołgiści generała Maczka
zamiast orderów dostawali wyroki
pięć siedem dziesięć lat
najwaleczniejszych i najzdolniejszych likwidowano
liczni ocaleli
ale ci woleli zaczynać życie od nowa
na nowej ziemi za oceanem
w Kanadzie Ameryce Argentynie Anglii

Immigration to America

To my Dad

traveling to America that's a long story
they came here from the Great Poznan Kingdom
West Preussen, Upper Silesia
1854
1890
1920
ancient dates almost forgotten
and those from the newest events
worn-out bags of immigrants
stuffed years ago into a hatch
sailed on ship for long weeks
a nameless throng crammed on deck
once hearty young men
charmful girls
our grandpas our grannies
worked in nearly all possible employments
they washed dishes in Brooklyn bars
they painted rooms they put in windows
they sold fly-paper
they handed-out newspapers
they served rich Jews
they sold soap and cars

and then the bloodiest of wars
and a series of new dates
1939
1945
1956
after the II World War not many risked a return to their homeland
those that returned - were often arrested
in the train station in the harbor in their own home
within a few minutes after embracing their loved ones
accused of everything
of treason of spying
the pilots of the RAF the sailors of the "Eagle"
the soldiers from general Maczek tank division
instead of commendations they received prison-terms
five seven ten years
the most valorous and capable
terminated
many persevered
but these preferred to start life a new
on new ground across the ocean
in Canada America Argentina England

wytarte torby emigrantów dzisiaj
to walizy z tworzyw sztucznych
made in Taiwan
eleganckie na kółkach lekkie i pakowne
przemierzają oceany Boeningiem
zaledwie w osiem godzin

the worn-out bags of immigrants today
are suitcases of artificial skins
made in Taiwan
elegant on wheels light and compact
they cross oceans in a Boening
easily within eight hours

Trans. by Magnus J. Kryński

New York

nowojorczykom znad Wisły

to miasto jest pełne wszystkiego zła
deprawacji korupcji brudu
skancerowanych ludzi
nieprzejezdnych ulic
bezczelnych handlarzy narkotyków
wystających na skrzyżowaniach
i proponujących "trawkę"
lub coś mocniejszego
pełno tu prostytutek włóczęgów wariatów
nerwusów z miejskich środków komunikacji
zapoznanych geniuszy
przekupnych urzędników
niekompetentnych polityków
rasizmu
etnicznych szowinistów
szaleńców w klubach nekrofilów
płonących domów
i upieczonych w piekarniku dzieci

pełno tutaj wszystkiego co nienormalne
pokraczne i występne
wszystkiego co rodzi się
w wielkomiejskich slumsach
i mrocznych zakamarkach ludzkich dusz
mimo to Nowy York daje się lubić
w końcu jest przecież stolicą świata
który też nie jest lepszy

(1982)

74

New York

To the New Yorkers from Vistulaland

this city is full of everything evil
depravation corruption filth
cancerized people
unusable streets
impudent narcotics handlers
standing at crossroads
and offering "grass"
or something more potent
plenty of prostitutes vagrants and maniacs here
worry-warts from the local communication centers
unrecognized geniuses
bribable officials
incompetent politicians
racism
ethnic chauvinists
maniacs in necrophiliac clubs
flaming homes
and kids baked in ovens

plenty here of all that isn't normal
grotesque and criminal
all that is born
in large-area slums
and the dusky recesses of human souls
despite all that, New York lets itself be loved
after all, it is the capital of a world
that isn't much better

(1982)

Trans. by Mieszko Kruszewski

Yellow cab

mojemu szwagrowi - Rickowi Plecasowi

na skrzyżowaniu Piątej Alei
i Pięćdziesiątej Ósmej Ulicy
ruch kołowy jak wściekły
zielone światło mignie na krótko
i ci którzy przecinają Piątą
muszą zmykać na łeb na szyję
ze środka jezdni
z kolei potok samochodów na Piątej
przelewa się dość długo
nikt nie dorówna w pośpiechu
nowojorskim taksówkarzom
stanie w tłoku jest dla nich nieopłacalne
prują więc nie bacząc na nic
mówi się że jeżdżą brutalnie "na styku"
gdy tylko jakiemuś kierowcy
mignie w lusterku yellow cab
pryska bez pytania na boki
w tym rejonie z reguły są luksusowe wozy
jest więc co chronić
lakiery chromy wypieszczone tapicerki
ci co jeżdżą za 75 tysięcy dolarów w górę
uciekają jak stado wróbli
przepłoszonych przez zółte jastrzębie
mówię wam – piękny widok!

(1982)

Yellow Cab

To my brother-in-law Rick Plecas

at the crossroads of Fifth Alley
and 58th Street
traffic rushes like crazy
the green light will blink briefly
and those who are crossing Fifth
must scatter with hands on hats
out of the road
the flood of cars from Fifth
leaks a bit long
no one equals the hurry of
New York cabbys
being stuck in traffic for them is unprofitable
thus they speed by paying mind to nothing
it is said that they drive brutally "on the stick"
if a driver catches just a glimpse
in his mirror of a yellow cab
he scurries without question to the side-lings
usually there are luxury cars in this region
there is something to protect then
chrome lacquer pampered upholstery
those who drive for 75 thousand dollars up a hill
fleeing like a flock of sparrows
flushed by yellow-hawks
I tell you - a beautiful view!

(1982)

Trans. by Mieszko Kruszewski

Wypadek

gorące słoneczne popołudnie
wleczemy się w korku mila na godzinę
na autostradzie I-94 poważne zderzenie
jedno auto stoczyło się w dół
trzy osoby ciężko ranne
drugi samochód chyba eksplodował
wokół unosi się zapach spalenizny
jest policja straż i ambulans
daleko wzdłuż awaryjnego pasa
leżą rozrzucone rzeczy
przenośna lodówka
pognieciony koszyk
zmiażdżone puszki po piwie
pewnie jechali z pikniku
jest jakaś książka i strzęp gazety
nagłówek po polsku - -
co się tak dziwisz?
million Polaków mieszka w Chicago
co drugi jeździ po pijaku
a co czwarty powoduje wypadek

(1984)

Accident

A hot sunny afternoon
we drag along in traffic one mile an hour
on I-94 there was, a serious accident reported
one car had veered off the highway
three people mortally wounded
the other car supposedly exploded
gasoline stench permeates the air
the police, ambulance and fire department are all there
far along the avaricious lane
debris is strewn about
an icebox
a crumpled basket
crushed beer cans
they probably came back from a picnic
there is a book and a roll of newspapers
the headlines in Polish - -
why is this so strange?
ten million souls reside in Chicago
one million are Polish
half are drunk drivers
and a fourth out of them all cause car-wrecks

(1984)

Trans. by Mieszko Kruszewski

Krok w próżnię

wieczorne wydanie dziennika CNN
codzienna dawka przemocy
i okrucieństwa
znowu ktoś kogoś zarżnął
udusił
poćwiartował
w ciągu ostatniej doby
zgwałcono kilkaset kobiet
wyspecjalizowane gangi uprowadziły
kilkadziesięcioro dzieci
bezpłodne kobiety zapłacą
nawet dziesięć tysięcy dolarów
warunek: dziecko musi być ładne
i zdrowe
w Europie porwano samolot
zastrzelono przy tym stewardessę
kilkunastu pasażerów bito
i torturowano
"zwolnimy pasażerów pod warunkiem
wypuszczenia na wolność
dwudziestu patriotów"
powszechne zakłopotanie:
"terroryści-patrioci"...
pod każdą szerokością geograficzną
policja znajduje każdego dnia
czyjeś zwłoki
liczby już na nikim nie robią wrażenia
wszędzie wybuchają bomby
toczą się wojny
już nikt nad niczym nie panuje
i nagle refleksja:
co będzie jak jakiś nawiedzony
mesjasz
sięgnie ręką po atom?
wiadomości kończą się
lakoniczną informacją
o najnowszych ofiarach AIDS

(1983)

80

A Step Into Vanity

the evening edition of CNN news
a daily dose of violence
and cruelty
once again somebody knifed someone
strangled someone
shredded someone
in the last 24 hours
a few hundred women raped
specialized gangs kidnapped
a couple-of-hundred kids
barren women will pay
as much as $ 10,000
condition: the child must be beautiful
and healthy
a plane was hijacked in Europe
during this fiasco a stewardess was shot
passengers were beaten
and tortured
"we shall release the hostages under the condition
that you shall release from captivity
20 of our patriots"
a universal perplexment:
"terrorists-patriots"?
in every ditch
the police finds everyday
someone's remains
the statistics make no impression on anyone anymore
bombs explode
wars are waged
no one has an ounce of control over anything anymore
then suddenly a reflection:
what if some enlightened
"messiah"
reaches with his hand for the atom?
the news end
with a curt report
on the latest victims of AIDS

(1983)

Trans. by Mieszko Kruszewski

Psychologia tłumu

wali się system – tłum bije brawo
dźwiga się system – tłum bije brawo
Igrek na górze – tłum bije brawo
Igrek na dole – tłum bije brawo
i zmiana kolorów
i dalej brawo
Igrek na górze Igrek na dole
zmiana systemów
tłum ma to do siebie że uwielbia bić brawo

co robi tłum w przerwach między brawami?

czasem ziewa
czasem przestępuje z nogi na nogę
a czasem wiesza
jak to w życiu

Crowd Psychology

system is falling – crowd applauds
system raises – crowd applauds
someone on the top – crowd applauds
someone on the bottom - crowd applauds
change of colors
still applause
someone on the top someone on the bottom
change of systems
crowd just likes to applaud

what does the crowd do between the applauses?

sometimes yawns
sometimes shuffles feet
sometimes hangs somebody
that's life

Trans. Genevieve Legowski

Zauroczenie

sceny z amerykańskich filmów
w których policjant jednym kopnięciem
wywala drzwi wraz z framugą
i jednym skokiem wdziera się
na miejsce przestępstwa
widok taki bardzo działa na wyobraźnię
dopiero po przyjeździe do Ameryki
przekonujemy się
ile było tandety w tych filmach
i jak mało przygody
amerykańskie budownictwo składa się
wyłącznie z tekturowych ścian
paździeżowych drzwi
i zamków które można otworzyć
jednym ruchem agrafki
scenę z wywalaniem drzwi
razem z framugą
mogę nakręcić we własnym domu
ja też dam radę to zrobić
jednym kopnięciem

Bewitchment

scenes from American films
in which a policeman with one kick
knocks down a door along with the framework
and with one stride brings himself
onto the scene of the crime
a scene like this has great effect on an audience
just after arrival to America
we convince ourselves
how much rubbish there was in those movies
and how little adventure
American architecture is comprised
solely of cardboard walls
paper doors
and locks that you can open
with one movement of a hairpin
a scene with the kicking down of a door
along with the frame work
I could tape at in my own home
I too can do it
with one kick

Trans. Mieszko Kruszewski

Jackowo

Markowi Stawiarskiemu

czego tu się człowiek nie nasłucha
Jackowo to duża wieś
każdy przyniesie nowe wiadomości
lub plotkę
szybko staje się posiadaczem tajemnic
i niesamowitej ilości informacji
tu bez ogródek mówi się
o tym kto jest pedałem
naciągaczem czy burdel-mamą
nie chce się wierzyć
padają nazwiska
ulubionym tematem jest kariera
i dojście do wielkich pieniędzy
małymi nie warto sobie zawracać głowy
w Ameryce liczą się tylko duże pieniądze
ci którzy nie mają pomysłu
jak je zdobyć
i jak osiągnąć karierę
grzebią w przeszłości
starają się przypiąć łatkę nowobogackim
wiedzą kto z kim śpi
ilu ludzi naciągnął
i zwiał do Polski
inny okazuje się bestią
pastwiącą się nad własną żoną
drugi pijakiem
trzeci schizofrenikiem
albo zboczeńcem
niekończąca się rzeka informacji
płynie ulicami Jackowa

(1986)

86

"Jackowo" (St.Jack's Place)

To Marek Stawiarski

the things that you will overhear in this place
"Jackowo" is a big Polish village
everyone brings news
or gossip
quickly I become the possessor of many secrets
and an unbelievable amount of information
here without beating around the bush one talks
of who is a homosexual
a conman or a bordello madame
it is unbelievable
known names are overheard
career is the favorite topic
and how to get to big money
little money is not worth worrying over
in America only big money counts
those who have no idea
how to get it
and a career
dig in the past
they try to pin a label on the newly-rich
they know who's sleeping with whom
how many people he swindled
and blew back to Poland
to others he appears as a beast
abusing his wife
the second a drunk
the third a schizophrenic
or a pervert
a never-ending river of information
flowing down the streets of "Jackowo"

(1986)

Trans. by Mieszko Kruszewski

Sny emigranckie

Mężowi

co to jest "sen emigranta" każdy wie -
kładziesz się spać wieczorem i śnisz
że z jakiejś niezrozumialej przyczyny
chwilowego kaprysu czy ataku tęsknoty
wróciłeś do Polski
rzucasz się w pościeli
ale koszmar jest bezlitosny
pułapka się zatrzasnęła
na lotnisku nie wypuszczą cię
bo przeminęła ważność paszportu
zapomniałeś swojej zielonej karty
i odmawiają ci wizy w ambasadzie
nie masz na bilet powrotny
nie ma jak zadzwonić do pracy
i powiedzieć bossowi
dlaczego nie stawiłeś się rano do roboty
a potem się budzisz
i widzisz nad głową
chropowaty sufit z szidraka
i pierzaste liście palmy za oknem
co momentalnie poprawia twój nastrój

muszę przyznać że często zastanawiam się
czy ci którzy wracają z emigracji
miewają nadal sny emigranckie
a jeśli tak
czy również czują ulgę po obudzeniu się

(1982)

88

Emigrant Dreams

To my husband

what is an "emigrant's dream" everybody knows –
you go to bed at night and dream
that for some inexplicable reason
acting on momentary whim or nostalgia attack
you went back to Poland
you're tossing and turning in bed
but the nightmare is merciless
the trap is shut
at the airport they won't let you go
because your passport is no longer valid
you forgot your green card
in the embassy they refuse you visa
you don't have enough money for return ticket
you can't call your boss
and tell him
why you did not show up for work in the morning
and later you wake up
and see over your head
a coarse ceiling made of sheetrock
and feathery leaves of palm tree behind the window
this immediately improves your mood

I have to admit that I think very often
if these who are returning from emigration
still have the emigrant dreams
and if yes
do they feel relief when they wake up

(1982)

Trans. by Genevieve Legowski

List do Polski

trudna jest przyjaźń na odległość
wymaga pisania listów
dla mnie nie samo pisanie stanowi problem
lecz wybór odpowiedniego momentu
na pisanie listu
zwykle czekam na spokojną chwilę
która nigdy nie nadchodzi
zwlekam tłumacząc sobie
że nie mogę przecież tak od ręki
odfajkować spraw jakimi chcę się podzielić
z przyjaciółmi w kraju
od których oddala mnie coraz bardziej
każde nowe emigranckie przeżycie
każdy dzień przebijania się
przez nową rzeczywistość –
tę rzeczywistość której treści
nie da się oddać na papierze
no nie da się

(1986)

90

Letter to Poland

long-distance relations are hard
they demand the writing of letters
for me the writing alone doesn't pose a problem
but the choosing of the right moment
for writing the letter
usually I wait for a calm moment
which never comes
I procrastinate telling myself
that I can not just out of hand
blow off things which I wish to share
with my friends in Poland
from which I am increasingly distanced
every new experience as emigrant
every day of breaking through
new strange reality –
reality whose essence
can't transfer to paper
it just can't

(1986)

Trans. by Mieszko Kruszewski

Zawiadomienie o śmierci

Edwardowi Duszy

odchodzą najbliżsi jeden po drugim
w jesienny dzień w wiosenny dzień
cofają się nagle w cień
przysyła ktoś z Polski gazetę
sprzed miesiąca
i w gazecie nekrolog
a w liście kilka słów pocieszenia żeby się nie zamartwiać
że i tak wszystkich czeka to samo
wcześniej czy później
że teraz najważniejsze są dzieci

dajcie mi spokój z tą swoją pociechą
ja już i tak po umarłych nie płaczę
wywiało mnie tak daleko w świat
że już nie wiem kto tu żywy a kto martwy.

(1982)

92

Notification of Death

To Edward Dusza

away travel our loved ones one by one
on a day of autumn on a day of spring
suddenly retreating into shadows
from Poland someone sends a newspaper
from last month
to be found within is an obituary
and in the letter a few words of cheer
so as not to grieve too deeply
that the same awaits us all
sooner or later
but now most important are the children

give it rest with your consolation
I don't cry for the dead now anyway
I was blown out into the world so far
that I no longer know
who here is alive or dead.

(1982)

Trans. by Wacław Iwaniuk

Lato w Teksasie

latem moje miasto umiera z gorąca
tropikalne powietrze płonie
w stu stopniach Fahrenheita
topi się asfalt
skórzane siedzenia samochodów
powodują poparzenia trzeciego stopnia
starzy ludzie dostają wylewu krwi do mózgu
dzieci pozostają całymi dniami
w chłodzonych domach
(tak wyglądają ich wakacje)
rozdrażnieni faceci w lincolnach
które krążą powoli po ulicach Houston
trzymają chłodzenie na najwyższych obrotach
aby ich popielate garnitury
nie wymięły się za bardzo

w moim mieście kupuje się
klimatyzowany dom z ogródkiem
garażem i trawnikiem
ma się kilkoro dzieci
psa kota świnkę morską
i obowiązkowo konia
w niedzielę chodzi się
na ligowe mecze baseballa
albo rodeo
a wieczorem urządza
barbecue z sąsiadami
na swoich wystrzyżonych trawnikach
i próbuje stworzyć
pewne poczucie wspólnoty
z mieszkańcami innych małych domów
z ogródkami

(Houston, Texas 1986)

94

The Summer in Texas

in the summer my city is dying of heat
the tropical air is on fire
in one hundred degrees Fahrenheit
road asphalt is melting
leather car seats
cause third degree burns
old people get strokes
kids stay all days
in cooled houses
(this is how their summer vacations look like)
irritated guys in Lincolns
that cruise slowly the streets of Houston
keep the air condition on high
so their gray suits
will not wrinkle too much

in my city one buys
an air conditioned house with garden
garage and lawn
one has a few children
a dog a cat a guinea pig
and of course a horse
on Sunday one goes to
a league baseball game
or rodeo
in the evening one has
a barbeque with the neighbors
on neatly cut lawns
and tries to create
some feeling of community
with residents of the other small houses
with gardens

(Houston, Texas 1986)

Trans. Genevieve Legowski

Mój syn

Mieszkowi

mój syn Mieszko wychowywał się
w obozie dla uchodźców politycznych
nigdy nie biegał z latawcem po łące
nie hodował chrabąszczy w słoikach po dżemie
nie wiercił się w kościele
nie awanturował dziko w sklepach z zabawkami
nie przeszkadzał rodzicom i gościom przy stole
nie wyciągał arogancko rąk po najlepsze kąski
i nie domagał natrętnie czegoś do picia

mój syn nie zakradał się także z kolegami
do cudzego sadu na jabłka i czereśnie
nie budował indiańskich szałasów
i nie zachwycały go książki Karola Maya

pierwszą postacią literacką
którą z miejsca pokochał
był dobroduszny przyjaciel małego prosiaczka
mówiący o sobie samym
że jest misiem o bardzo małym rozumku - -
była to pierwsza książka
którą przeczytał samodzielnie po polsku
jeszcze w wieku przedszkolnym
i pierwsza którą położył pod poduszką

około czwartego roku życia
zaczęło go dręczyć pytanie egzystencjalne:
dlaczego ludzie umierają?
babcia z Polski poradziła nam
aby mu powiedzieć że człowiek nie umiera
tylko staje się aniołkiem
popatrzył jakoś tak dziwnie
i nic nie powiedział

potem zaczął zastanawiać się
czy dinozaury miały cycuszki
i co jedzą dżdżownice
ale na szczęście
był wtedy z wizytą u nas dziadzio
i wybawił wszystkich z kłopotu
bo dziadzio wszystko wie

My Son

To Mieszko

my son Mieszko was raised
in a political refugee camp
he never run on a meadow with kite
did not keep beetles in empty jam jars
never fidgeted in church
never had fits in toy stores
never bothered his parents and guests at the table
did not arrogantly demanded the best pieces of food
did not pester anybody for something to drink

my son did not sneak with his friends
to somebody's orchard to steal apples and cherries
he did not built Indian teepees
and was not charmed by the Karl May's books

the first literary hero
he fell in love immediately
was a good natured friend of a piglet
who would describe himself
as a little bear with very small brain
this was the first book
he read by himself in Polish
even before he went to preschool
and the first one he put under his pillow

sometime around the fourth year of his life
existential question began to torment him:
why do people die?
grandmother from Poland advised us
to tell him man does not die
he just becomes an angel
he looked somewhat puzzled
and did not say anything

later he started to wonder
if dinosaurs had little breasts
and what do the worms eat
lucky for us
grandpa was visiting
and saved us all from this problem
because grandpa knows everything

w końcu ni z gruchy ni z pietruchy
sześciolatek osaczył mnie konkretem:
dlaczego na filmie jak pan całuje panią
to ją rozbiera
czy na golasa jest przyjemniej?...
niestety nie było nikogo w pobliżu
kto przyszedłby z odsieczą
zaplątałam się we własnych zeznaniach

było i tak że na podwórku musiał bronić
młodszego brata
wracał do domu upokorzony i uparcie milczący
dlaczego nie przyłożysz mu temu łobuzowi
który prześladuje twojego braciszka
przecież jesteś silniejszy - -
stanowcze "mama przecież wiesz dobrze
że ja nie mogę uderzyć innego człowieka!"
odebrało mi mowę

dziś mój syn ma czternaście lat
i zadaje coraz mniej pytań
rok temu napisał swój pierwszy wiersz
poza tym nic się nie zmieniło -
jak dawniej kocha śmiesznego misia
i głupiutkiego prosiaczka
a także wszystkie inne zwierzęta
które otacza opieką
nie może tylko znieść ognistych mrówek
tropikalnych
"bo te cholery tak gryzą i są wszędzie
że można się wściec"

pogodzilam się już z tym
że mój syn nie ma w Ameryce przyjaciół
z którymi mógłby porozmawiać
przestałam też zwracać uwagę i dziwić się
na widok bezpańskich psów
które wpadają zziajane do naszego ogródka
i kładą się u jego nóg
jakby chciały chwilę odetchnąć
nie pytam go "synu co z ciebie wyrośnie"
lepiej nie zadawać głupich pytań

in the end for no particular reason
six years old cornered me with a serious problem:
why in the movie when man kisses woman
he takes her closes off
is it more pleasing when you're naked?...
unfortunately there was nobody near
who'd come to my rescue
I did mess up my testimony

sometimes on a playground he had to defend
his younger brother
he'd come home humiliated and stubbornly quiet
why don't you beat up this bully
who harasses your little brother
you are much stronger --
firmly: "you know very well mamma
I can't hit another human being!"
I was speechless

today my son is fourteen
and asks less and less questions
year ago he wrote his first poem
other than that nothing has changed -
he still loves this funny little bear
and the stupid piglet
and all other animals
he takes care of them
he cannot stand though the tropical
fire ants
"because these beasts bite like crazy and are everywhere
one can go mad"

I got used to the fact
that my son does not have friends in America
with whom he could talk
I learned not to pay attention and wonder
when I see homeless dogs
that run breathless into our yard
and lie down by his feet
like they want rest for a little while
I don't ask "son what is going to became of you"
it is better not to ask stupid questions

Trans. by Genevieve Legowski

Na wozie i pod wozem

o przykrych rzeczach nie chcemy pamiętać
wszyscy robimy błędy jak każdy
raz na wozie raz pod wozem
normalna emigracyjna rzeczywistość
na początku nie od razu wszystko wychodzi
tak jak by się chciało
trzeba być cierpliwym
ważny jest optymizm
żeby sobie powiedzieć: jutro będzie lepiej
nie można też liczyć na to
że tu się dużo osiągnie cwaniactwem
ten kraj jest inny niż nasz
gdy ktoś decyduje się zostać
warto żeby nauczył się myśleć tak jak oni
jak myślą ludzie w Ameryce
to my się mamy do nich dostosować
nie oni do nas
my mamy nauczyć się rozumieć ich jezyk
i ich samych

On a Cart And Under a Cart

about sad things we like not to reminisce
we all make mistakes like everyone else
once on the train then under it
the normal emigrational reality
at the beginning not everything works out
as much as one would like
one must be patient
optimism is important
so that you can say: tomorrow will be better
one can not count on the thought that
here you'll accomplish a lot through cunning
this country is not like ours
if someone decides to stay
it is worth to learn how to think like they do
how the people in America think
we are to conform to them
not they to us
we are to learn to understand their language
and they themselves

Trans. by Mieszko Kruszewski

Dzisiaj

kiedy dziś w Seattle nad Pacyfikiem
spoglądam na mapę Europy
wszystko wydaje się takie odległe
i nierealne
nasza ucieczka z Polski
narodziny drugiego dziecka w obozie
poniewierka wśród obcych
i niepewność oczekiwania na wyjazd
wreszcie skok przez Atlantyk

dwadzieścia pięć lat już minęło
to szmat czasu w życiu każdego z nas
przeżycia i ćwiczenia duszy
dziś już nieco zatarte
są jak odłamki rozbitego szkła
pochylasz się nad nimi ostrożnie
próbujesz złożyć większy fragment
lecz jest to prawie niemożliwe
nie można dogonić umykającego czasu

(2007)

Today

when today in Seattle on Pacific Ocean
I look at the map of Europe
everything seems so far away
and unreal
our escape from Poland
birth of the second child in refugee camp
misery of life among strangers
and feeling of uncertainty waiting for departure
finally jump over the Atlantic Ocean

twenty five years has passed
this is a long time in anybody's life
experiences and soul searching
a little bit blurred today
are like pieces of broken glass
you lean over them carefully
you try to put together a bigger piece
but it is almost impossible
you cannot catch time running away

(2007)

Trans. by Genevive Legowski

103

Z cyklu: „Całopalenie"

„Immolation"

Znaki zapytania

tym, którzy się lękają

Motto: "Littera enim occidit
spiritus autem vivificate"
(św.Paweł)

Przychodzi taka chwila, kiedy Bóg się objawia
i nieważne jest
jaka była długość wyszeptanych zdrowasiek
gdyż najważniejszym słowem
jakie człowiek może wyrzec do Boga
jest słowo "tak".

nie wiem
czy zdążę zabezpieczyć swą ścieżkę
z Jerycha do Jerozolimy
albowiem czas
w którym żyję
to czas
zakłamania i oszustwa
które
nazywa się interesem i korzystaniem z rozumu
a często nawet
posłannictwem Bożym

tak trudno jest mi otworzyć się
na Twoją obecność Panie
choć wiem
że jesteś znacznie bliżej mnie
niż to się wydaje –
nie chcę, abyś przychodził do mnie
w mądrości i znakach
proszę Cię tylko –
nie zostawiaj mnie samotnie
w ciemności
i podaj mi dłoń, kiedy to się będzie stawało

kiedy?
ja tego nie wiem, ale Ty to wiesz.

Questions

To those who are fearful

Motto: "Littera enim occidit
      Spiritus autem vivificate"
              (St.Paul)

There comes a moment when God is revealing
it is not important
how long you whisper your hail mary's
because the most important word
which human can express to God
is "yes".

I don't know
if I can secure my path
from Jericho to Jerusalem
because time in which I live
it's time
of deception and lies
which we call business and exploration of minds
and sometimes even God's mission

It is so hard for me to open up
to Your presence, o Lord
even I know
that You are closer to me
that I can imagine –
I don't want You to come to me
in wisdom and signs
I ask you only not to leave me alone in darkness
and give me Your hand
when this happens

when?
I don't know
but You do.

Trans. by Rev. Tad Horbowy

Całopalenie /I/

Ta ofiara spełnia się od początku świata - -
a wszystko było przepowiedziane – i to, że nie uwierzą
i to, że nie będą słuchali
i pozostaną ślepi i głusi na Pismo
Trzeba było jeszcze by czas był przepowiedziany
i był on przepowiedziany w istocie
stać się to miało za czwartej monarchii
przed zburzeniem drugiej świątyni
I dane było dość światła dla tych, którzy pragnęli widzieć
tak, że nawet poganie oświecili się i pokochali Boga –
Jego przyjście wyjaśniło dwuznaczności Pisma
odnaleziono nareszcie brakujące i końcowe litery
a zjednoczenie w cierpieniu stało się dobrem najwyższym
jednako też odtąd umierają faryzeusz i celnik
by powstać razem z umarłych wśród przewrotu natury
kiedy to nawet najbardziej ślepym będzie dane Go ujrzeć

Panie, nadzieją moją masz być w dniach utrapienia
i nie wiem czy szukać Cię z całego serca, czy z serca uciekać
nie znaczy być w niewoli, skoro ma się pewność wyzwolenia –
ale teraz jestem w niej bez żadnej nadziei - -

Czy nieskończoności mogą być dwie - ?

(1982)

108

Immolation /I/

This sacrifice takes place since the beginning of the World –
and everything was told before – that they will not believe
and that they will not listen
and they will stay blind and deaf for the Scripture
it was necessary for time to be foretold
and it was foretold indeed
it was supposed to happened during the fourth kingdom
before the second temple was turned into rubble
and there was enough light for these, who wanted to see
even the pagans became enlightened and fell in love with God –
His coming explained ambiguities of the Scripture
finally the missing and last letters were found
and unity in suffering became the highest good
from then on Pharisee and publican die the same way
to raise from the dead together amidst revolutionized nature
when even the most blind will be able to see Him

Oh Lord, you suppose to be my hope in the days filled with trouble
I don't know if I should look for You with all my heart or run
one does not feel like slave if there is certainty of liberation –

Is it possible that there are two infinities - ?

Trans. by Genevieve Legowski

Całopalenie /II/

ktoś powiedział, że człowiek prawdziwy
to człowiek wahający się
i posiadający rozliczne wątpliwości - -
tak było zawsze
bowiem rozkład wartości nie jest wyłącznie przywilejem naszej
epoki –
dopiero w Chrystusie godzą się wszystkie sprzeczności
gdyż w Bogu słowo nie różni się od działania
ani od skutku, ani od zamiaru
ponieważ jest On nieskończoną mądrością
i jest to największa z prawd - -
lecz abyśmy nie popadli w zbytnie zadufanie w obliczu Pana
dane nam zostało podwójne Prawo
i podwójne tablice
i podwójna świątynia
i podwójna niewola
i dwa Pisma
otrzymaliśmy jednocześnie oczywistość i ciemność
albowiem zamierzeniem Pańskim było oświecić jednych
a zamroczyć drugich –
ukazał nam w jednym krzyż i szaleństwo
gdyż nawet w Judaszu mamy widzieć rozkazanie Boga
aby nasze poznanie było nierozłączne - -
tak Chrystus będzie konał aż do końca świata
podczas gdy człowiek zbliżać się będzie do prawdy dwiema
drogami
spoglądając na swoje grzechy – te już odpuszczone i jeszcze
ukryte –

Panie, nie szukałbym Cię, gdybym Cię już wcześniej nie postradał –
spraw, by nie pozostał próżnym mój krzyż.

(1982)

110

Immolation /II/

somebody said that a true human being
is a hesitating human being
full of all kind of questions –
this is how it always has been
because break down of values is not privilege exclusive for our times –
only in Christ all contradictions are reconciled
because for God word is no different then deed
or result or intention
because He is the eternal wisdom
and this is the highest truth –
but so we would not become presumptuous in His presence
we received double Law
and double plates
and double temple
and double slavery
and two Scriptures
we received both obviousness and darkness
because Lord's plan was to enlighten some
and to befuddle others –
at the same time He showed us cross and madness
because even in Judas we are suppose to see God's order
so our knowledge will be inseparable
so Christ will be dying to the end of days
where man will come closer to the truth by two ways
looking at his sins - these already forgiven and these still uncovered –

Oh Lord, I would not have been looking for You if I hadn't lost you
                                                                before –
please make it so my cross would not be in vain.

Trans. by Genevieve Legowski

Na koniec wieku

Każdy czas ma swego demona
natomiast ludzie zasadniczo dzielą się
na dwa rodzaje –
na tych, którzy chcą naprawić świat
i tych, którzy tego nie chcą
od czasu do czasu dowiadujemy się z gazet
że jakiś szympans w ogrodzie zoologicznym
namalował obraz
lub maszyna elektroniczna skomponowała wiersze -
wielcy politycy zabiegają o zagranicznych doradców
masowo analizują cudze doświadczenia
a sprawy jak stały tak stoją - -
już jutro pojawią się z pewnością nowi
i będą walić pieścią w ambonę:
"narodzie padnij na kolana, bo jesteś taki a taki!"
lecz naród nie może nic uczynić
naród spoczywa na laurach
wołając igrzysk i chleba
toczy go psychologiczna niepewność
apatia i rozpacz krachu ideałów - -
podziwiam mego nastoletniego syna
który w tym wszystkim uparcie klęka przy łóżku
do porannej i wieczornej modlitwy
podejmując swój własny pojedynek z diabłem –
zupełnie nie wiem, co odpowiedzieć
gdy mnie czasem pyta:
słuchaj, czy naprawdę nie da się nic zrobić
aby symbolem czasu, w którym żyjemy
nie był trup leżący w kałuży krwi?...

In the End of the Century

each period of time has its demon
but people are divided basically
into two kinds –
the ones who want to fix the world
and these who don't
from time to time we read in the papers
that one chimpanzee in some ZOO
painted a picture
or an electronic machine composed poetry –
the big politicians look for foreign advisors
they analyze other people experiences en mass
but the situation does not change - -
tomorrow for sure new ones will show up
and will pound on the pulpit with their fist:
"hey nation go on your knee because you are such and such!"
but the nation can do nothing
the nation rests on its laurels
demanding games and bread
it is affected by psychological insecurity
apathy and desperation over the failure of ideals
I admire my teenager son
who in spite of this stubbornly kneels down by the bed
for his morning and evening prayer
taking up his own duel with devil –
I totally do not know what to say
when he sometimes asks:
listen, is there really nothing we can do
so the symbol of times we lived
will not be dead person lying in the puddle of blood?...

Trans. by Genevieve Legowski

113

Początek

Synom moim dedykuję

na początku wszystko działo się
przez Słowo
i było ono u Boga
i rozświetlało ciemności
a potem Słowo stało się ciałem
i przyszła łaska
i prawda - -
lecz ludzie jej nie przyjęli
nikt nigdy nie widział Boga
i trudno było uwierzyć że
władcy nie są władcami
sędziowie nie są sędziami
mądrcy nie są mędrcami
niewolnicy nie są niewolnikami
nieczyści nie są odtrąceni
głupcy nie są głupi
ślepcy nie są ślepi
bogacze nie są bogatymi
nędzarze nie są nędzarzami
szaleńcy nie są szalonymi
więźniowie nie są więźniami
pobożni nie znają Boga
umarli nie są umarłymi
biali nie są białymi
czarni nie są czarnymi
Żydzi nie są Żydami
albowiem wszyscy zostali stworzeni
na obraz i podobieństwo
aby stanowić
jedno.

The Beginning

To my sons

in the beginning everything happened
because of the Word
and it was from God
and darkness was brightened
and then the Word became body
and grace came
and the truth - -
but people did not received it
nobody ever saw God
and it was hard to believe that
the rulers do not rule
the judges do not judge
the wise men are not wise
the slaves are not really slaves
the stupid ones are not stupid
the blind ones are not blind
the rich men are not rich
the destitute are not destituted
the crazy ones are not crazy
the prisoners are not prisoners
the pious ones do not know God
the dead ones are not dead
the white ones are not white
the black ones are not black
Jews are not Jews
because all were created
as a picture and likeness
to make
one.

Trans. Genevieve Legowski

Ja także

Gdzież wy jesteście
chromi, ślepi, opętani, trędowaci
których On uleczył
gdzie jesteście wy, których
umiłował bez miary
nie mówcie, że już go nie pamiętacie
czyż nie wszyscy zostali oczyszczeni
czy nie wszyscy zabiegali Mu drogę wołając
"zmiłuj się!"
czy choć jeden upadł Mu do stóp
z okrzykiem "chwała!"
a może przygiął swój grzbiet tylko po to
by podnieść grudę błota?...
wywiodłeś mnie z ciemności, Panie
dałeś mi oczy, bym ujrzał
uszy, bym usłyszał
język, aby podobały Ci się słowa
wychodzące z moich ust
dałeś mi jeszcze rozum
i miłość Twą, której ogarnąć nie potrafię
gdyż jest ona bez granic
i oto teraz
kiedy zostaliśmy tylko we dwóch
Ty na niebie i ja na ziemi
stoję przed Tobą
ukrywając za plecami ubłocone dłonie
i jest mi wstyd
jest mi tak okropnie wstyd
bo ja też
ja też rzucałem błotem!

I Did It Too

Where are all of you
crippled, blind, possessed, lepers
who He healed
where are all of you
who He loved beyond measures
do not say you don't remember Him
He purified all of you, don't you remember
all of you run across the road to Him screaming
"have mercy!"
did at least one of you fell to His feet
praising His glory
or maybe you bend your back just
to pick up a lump of mud?...
you lead me out of darkness, o Lord
you gave me eyes so I could see the light
you gave me ears so I could hear
and a tongue, so You'd like the words
coming from my mouth
You gave me also brain
and Your love which I cannot comprehend
because it knows no bounds
and now
when only You and I are left
You in heaven and I on the earth
I stand before You
hiding my muddy hands behind my back
and I'm ashamed
I'm so ashamed
because I did too
I did throw the mud!

Trans. Genevieve Legowski

Tym, którzy nas pouczają

sobie, ku przestrodze

mądry cadyk przestrzegał
przed ludźmi mającymi zawsze rację -
nie spieraj się o rzeczy
które nie są tego warte
nie gadaj za wiele
słowa mogą zbudować przed tobą mur
nie przekonuj na siłę drugich
bo smutny byłby ogród
w którym rosłyby same lilie
roztropność w osądach jest obrazem łaski
zważaj na to jaki sam jesteś w swej głębi
nie dbaj o to co mówią o tobie ludzie
człowiek widzi twarz a Bóg serce
jeśli chcesz aby ciebie znoszono
znoś i ty innych
dziel się z drugimi
żaden człowiek nie jest aż tak ubogi
żeby nie miał nic do ofiarowania
w otchłań zdziczenia wpada ten
kto myśli tylko o sobie
bądź ostrożny w wyborach
bo życie nabrało takiego tempa
że ludzie nie nadążają zmieniać poglądów
nie stój jak kołek gdy dzieje się nieprawość
bądź świętym albo przeklętym
nie bądź nijakim
nie usprawiedliwiaj
i nie ubarwiaj swoich czynów
wszystko bowiem będzie odpłacone
i dobro i zło
lepiej byś zrobił gdybyś siebie oskarżał
i usprawiedliwiał innego
a gdy będziesz się modlić
pamiętaj przed kim stoisz

pamiętaj też że dobra rada
dana bliźniemu w potrzebie
jest jak szklanka wody na pustyni
natomiast nieproszone rady są szklankami wody
wylanymi bliźniemu na głowę.

To Those Who Patronize Us

Warning to myself

a smart zaddik once warned
against people who are always right -
do not argue about things
that are not worthy
do not talk too much
words can built a wall in front of you
do not try to convince anybody with force
because sad would be garden
where only lilies would grow
prudence in judgments is the sign of grace
pay attention to what your inside is
do not care what people are saying about you
man sees a face but God sees heart
if you want to be tolerated
be tolerant for others
share with others
nobody is so poor
that has nothing to give
falls in the abyss of barbarity
who think only about himself
be careful with your choices
because pace of life is such
that people cannot keep up with view changes
do not stand like stake when injustice is being done
be holly or damned
but not unremarkable
do not justify
and exaggerate your deeds
because there is going to be payback time
for the good and evil
you would do much better incriminating yourself
and defending other
and when praying
remember in front of whom you're standing

remember also that a good advise
given to your peer in need
is like a glass of water on a desert
but advises that were not asked for are like glasses of water
poured on a head of your peer.

Trans. Genevieve Legowski

* * *

powiadają że do Boga dochodzą
tylko modlitwy niekontrowersyjne:
kiedy rolnik modli się o deszcz
a właściciel hotelu nadmorskiego o słońce
wówczas obie modlitwy wzajemnie się kasują
bo są sprzeczne ze sobą w intencjach
i dzięki temu
biuro próśb i zażaleń w niebie
może egzystować
a życie toczy się swoim
nienajlepszym wprawdzie
ale ustalonym torem

* * *

they say that God receives
only uncontroversial prayers
when a farmer prays for rain
and a costal hotel owner asks for sun
then the two prayers are canceling each other out
because their intentions are contradictory
and therefore
the office of complaints in heaven
can survive
and life goes on following its own
maybe not the best
but well established path

Rozmowa z opatem franciszkanów z Pułaski

pamięci ukochanej babci Anastazji,
która nakazywała zawsze bać się Boga

Powiedz mi, father, jak to jest
że ludzie, którzy nie znają się prawie
stają się sobie bliscy
gdy w rozmowie pada Jego Imię -
mówiliśmy o Nim i było tak
jakby ktoś jeszcze podszedł
i usiadł przy nas na ławce
i ujął nas za ręce - - i cisza taka
taka cisza - -
a On przed chwilą jeszcze dzielił wśród nas
Ciało i Krew swoją - -
a my wciąż zagubieni
dociekliwie dzielący włos na czworo
a przecież to jest nieważne
i nikt o to nie dba
a my o Bogu, o Prawie Mojżeszowym
o stygmatach i objawieniach
my wciąż o Bogu
niepoprawni
gdzie Bóg?

A Bóg siedzi między nami i słucha
i uśmiecha się - :
ej, głupi, wy głupi
ale to dobrze, że się mnie boicie...

(Pulaski, Wisconsin 1986)

122

Conversation with Franciscan Abbot from Pulaski

In loving memory of Granny Anastasia,
who taught us the fear of God

tell me father why
people who practically don't know each other
become close
when His name is mentioned in a conversation –
we talked about Him and it was
like one more person joined us
and sat by us on a bench
and took our hands - - and it was so quiet
so quiet - -
and just a minute ago He was giving us
His Body and Blood
we were still lost
endlessly hair splitting
but this is not important
and nobody cares
we talk about God, Moses Law
about stigmas and revelations
we talk about God
incorrigibles
where is God?

And God sits among us and listens
and smiles -:
oh you silly people
but that's good you are afraid of me...

(Pulaski, Wisconsin 1986)

Trans. Genevieve Legowski

Rozmowa z Piotrem

czy mnie miłujesz naprawdę -
zapytał Jezus raz Piotra
czy naprawdę miłujesz mnie Piotrze
zapytał go jeszcze raz
o tak, o tak Panie mój
z radością zawołał Piotr
więc paś moje owce Piotrze
paś moje owce - rzekł Pan.

czy mnie miłujesz naprawdę -
Jezus zapytał Piotra
czy naprawdę miłujesz mnie Piotrze
zapytał go drugi raz
Panie, przecież wiesz, że Cię miłuję
przecież wiesz
więc paś baranki moje
paś moje baranki – rzekł Pan.

czy miłujesz mnie Piotrze naprawdę -
zapytał go po raz trzeci
czy naprawdę miłujesz mnie Piotrze
o tak, Panie, o tak, miłuję Cię naprawdę
powiedział z mocą Piotr
więc prowadź moją trzodę
poprowadź lud mój Piotrze –
ze smutkiem rzekł mu Pan.

Conversation with Peter

do you love me truly –
Jesus once asked Peter
do you truly love me Peter
He asked him one more time
oh yes, oh yes my Lord
joyfully called Peter
so take care of my sheep Peter
take care of my sheep – said the Lord

do you love me truly –
Jesus asked Peter
do you truly love me Peter
He asked him the second time
Lord, you know I love you
you know that
so take care of my lambs
take care of my lambs – said the Lord.

do you love me truly Peter –
He asked him the third time
do you truly love me Peter
oh yes Lord, oh yes, I love you truly
said Peter forcefully
so lead my flock
go and lead my people Peter –
with sadness said to him Lord.

Trans. Genevieve Legowski

Ojciec Pio

Powiedz mi, Francesco Forgione
dlaczego właśnie ciebie Pan wezwał z taką mocą - -
czy dlatego, że krzyż twój
był już gotowy od dawna
i potrzebne było jedynie spełnienie
czy dlatego, że sam wymodliłeś go sobie
w biednym kościółku Matki Bożej Łaskawej - -
w miasteczku, gdzie niemal wszyscy
są rolnikami troszczącymi się o własne pola
pojawiasz się jak piorun rażący ciemności
czy jest to sprawiedliwe, że właśnie ty
a nie żaden z gorliwych i dostojnych sług - -
no tak, masz rację
sprawiedliwość Boga jest całkiem inną sprawą
i nikt o tym nie bywa specjalnie powiadomiony
On nie musi tłumaczyć się przed nikim - -
Powiedz mi jednak, Francesco, jak to jest
że tak wielu z nas pozostaje w nieświadomości
swego przeznaczenia - -
na przykład ja –
nie cechuje mnie ani łagodność charakteru
ani pokora
ani nie miłuję Boga bez granic
i często moje błędy popełniam w złej wierze
a moim postępowaniem powoduje zwykły strach –
strach przed samotnością i niepewnością losu
strach przed potwarzą i śmiercią
i choć nie jest to strach przed światem
gdyż lękam się tylko nieznanego
to wiem, że strach ten jest we mnie gorszy
niż samo zło
i wiem, że nie potrafię stanąć w gotowości
gdy Pan wezwie mnie z mocą
tak jak ciebie, Francesco.

(1984)

126

Father Pio

Tell me Francesco Forgione
why you were the one Lord called with such a might
is it because your cross
was ready long time ago
and only fulfillment was needed
or did you prayed for it yourself
in the poor little church of Our Lady of Grace ...
in a little town, where almost everybody
is a farmer caring for his own fields
You arrive like thunder striking in the dark
is it fair that you are the one
not any of these eager and dignified servants - -
oh yes, you are right
God's justice is a totally different matter
and nobody gets any special information
He does not need to explain His deeds to anybody - -
Tell me, though, Francesco how is it
that so many of us are in the state of ignorance
when it comes to our destiny - -
me for example –
gentleness is not my trait
I'm not humble
and my love of God is not limitless
very often my mistakes are made in bad faith
and my behavior is driven simply by fear –
fear of loneliness, fear of life's uncertainty
fear of slander, fear of death
although it is not a fear of the World
(because I'm apprehensive only of unknown)
I know that this fear is worse in me
than evil itself
and I know I will not be able to stand ready
when the Lord calls me with might
like He called you, Francesco.

(1984)

Trans. by Genevieve Legowski

Ja i moje cienie

pamięci moich ukochanych dedykuję

Idę przez życie w szpalerze umarłych
do chrztu trzymali mnie Sybiraczka i Oświęcimiak
bajkami moimi były klechdy partyzanckie
a przyjaciółmi cienie z ulic Warszawy - -
moja ścieżka ma swój początek w lasach grodnieńskich
gdzie został rozstrzelany mój dziad Stefan -
dokładnie nie wiadomo w którym miejscu i kiedy
wiadomo, że w lasach i miało to być w dzień świętego Stefana
i że o trzeciej nad ranem zabrali go z celi
potem na drodze ludzie tylko widzieli
jak ktoś wyrzucał zielone jabłka z ciężarówki
po jednym co kilkadziesiąt metrów
takie same jabłka zaniosła mu żona Naścia na ostatnie widzenie
i to wszystko.
To jest ten grób, który muszę nosić w sercu
inne – to już zwyczajne kopczyki
przybywa ich z każdym rokiem coraz więcej i więcej
i są to nie tylko moje groby
ale też groby moich przyjaciół i znajomych
ludzi, których kocham i tych, których nie darzę zbytnią sympatią –
groby, które jeszcze nie zaczęły wołać o pomstę
i te ciche, na wiejskich cmentarzach - - .
Moi umarli przychodzą do mnie w nocy
i przywołują mnie do siebie z tęsknotą
inni zaś wołają, że jeszcze nie czas
a ja w rozedrganiu i łzach
śnię uparcie, że ich śmierć to zły sen tylko
że oni wcale nie umarli, gdyż to tylko sen...

lecz przebudzeniem jest zawsze śmierć.

(listopad, 1985)

Me and My Shadows

To my beloved

I walk through life between double line of the dead
my godparents went through Siberia and Auschwitz
my fables were stories about gorilla fighters
and shadows from the streets of Warsaw were my friends - -
my trail has its beginning in the woods of Grodno
where my grandfather Stefan was executed –
nobody knows for sure where and when
it is known that this happened in the woods supposedly on St.
                                                    Stefan's day
and that they took him from the prison cell around 3:00 AM
on the road people saw only
somebody throwing green apples from the track
one every few meters
similar apples his wife Nastia brought for him for the last prison visit
and that's all.
This is the grave I have to bear in my heart
the other ones are just regular mounds of dirt
there is more and more of them every year
and these are not only my graves
these are the graves of my friends and acquaintances, too
people who I love and those I'm not big fan of –
graves that do not call for vengeance yet
and these quiet one on the rural cemeteries - - ,
My dead ones come to me at night
and longingly call me to come to them
the other ones shout that the time is not right yet
and I shaking and crying,
cannot stop dreaming that their deaths are only a bad dream
that they did not die, because this is only a dream...

but awakening is always death.

(1985)

Trans. Genevieve Legowski

Katyń

Świerku mój, czemu stoisz w tak bolesnej ciszy
i zapadasz w ziemię na wysokość serca
czemu gałąź twa ku niebu się nie wznosi
lecz gorzkimi łzami ocieka powoli
świerku, świerku mój zielony
dlaczego kładziesz się wieńcem na mchu poczerniałym
i pobladłym cieniem trawę gładzisz miękką
czy zostało już z bólu twego tylko to milczenie
że jęku nawet nie słyszę

wyrastasz, mój świerku, na szlaku termopilowym
lecz dlaczego nie mówisz nic
i nikt o nic nie pyta - -
my na grobach umieszczamy daty
aby drogowskazem były i otwartą księgą
dla tych, co przyjdą po nas -

ziemia woła – słyszysz?
ogień stanął w chmurach słupem gorejącym
sam jestem
i jeśli upadnę to nie mam nikogo
kto by mnie podtrzymał

świerku milczący
ze wszystkich sztuk najlepiej zgłębiłeś sztukę umierania
na tej polskiej drodze od klęski do klęski
pokolenie przemija
i pokolenie się rodzi
a ty na wieki stoisz
obecny jesteś we mnie i to mnie pociesza
swe zielone ramiona rozkładasz szeroko
a ja – o Boże wielki – nie poznałem Krzyża!

Katyń

Spruce my spruce, why are you standing in such a mournful silence
in a hole in the ground deep up to where heart is
why is your branch not reaching to the sky
but dripping bitter tears slowly
spruce my spruce so green
why are you lying down on blackened moss as a garland
and caressing smooth grass with your pale shadow
is it that out of you pain only this silence is left
and I don't even hear a moan

you are rising your branches on the Thermopile trail
but why are you not speaking up
and nobody asks about anything - -
we put dates on the graves
so they will be like a road sign and an open book
for those who will come after us –

the earth is calling – do you hear?
fire stood in the clouds like a burning pillar
I'm all alone
if I fall there is no one
to support me
my quiet spruce
of all arts you know the best the art of dying
on this Polish road from one defeat to another
a generation passes
and generation is born
but you stand for centuries
you are present in me and this comforts me
you spread your green arms widely
and I – God Almighty - did not recognize the Cross!

Trans. Genevieve Legowski

131

Co po nas zostanie

człowiek od wieków przyzwyczaja się
do różnych przedmiotów
potrzebnych i niepotrzebnych
ujmując najprościej: staje się on
niewolnikiem gadgetów
nasi przodkowie zapewne też
przyzwyczajali się do swych maczug
i pierwszych prymitywnych skorup
w których kobiety warzyły strawę
kiedyś przed tysiącami lat
zmarłych chowano razem z przedmiotami
które służyły im za życia
jeszcze dzisiaj odnajdujemy w grobowcach
wazy strzępy odzieży a nawet broni
zdarzają się piękne ozdoby
kolekcje figurek z brązu
rysunki na skałach ukazują nam
sceny uczt walk polowań modlitw

czy cokolwiek co powstaje na tej ziemi
targanej konfliktami i kataklizmami
jak nigdy dotąd
ma jeszcze jakiekolwiek znaczenie?

cóż po nas zostanie?
parę skorup
ostrze włóczni
skalne malowidło
czy tylko cień na ścianie rumowiska?...

What Will We Leave Behind Us

since centuries man gets use to
a various things
things he needs, and can go without
simply said: he becomes
a slave of gadgets
probably our ancestors too
liked their clubs
and their first primitive pots
in which women did their cooking
sometime, thousands years ago
the dead were put in their graves with things
they used during lifetime
we still find in the tombs
vases pieces of clothing and even arms
we might find a beautiful decorative pieces
bronze figurines collections
the drawings on rocks show us
scenes of feasts fights hunting prayers

does anything that is created on this earth
torn by conflicts and cataclysms
like never before
has any kind of meaning?

what will we leave behind?
a few pots
blade of a spear
painting on a rock
or only a shadow on the wall in the rubble?...

Trans. Genevieve Legowski

Juvenilia

Vincent

Edkowi Ożanie

mieć oczy schizofrenika i kulę słońca -
sztylet życia i żar
to nie tak wiele
a jednak ponad siły człowieczego serca.

pękło

tuląc rudą głowę w pęku kwitnących słoneczników.

i tylko
stare zakurzone buty szczerzą zęby
sędziwym półgrymasem milionera

(Gdańsk, 1971)

Wiersz wyróżniony na VI Ogólnopolskim Studenckim Konkursie Literackim w Katowicach w roku 1973

Vincent

To Edward Ożana

to have schizophrenic eyes and fireball-like Sun -
life's dagger and scorching heat
it is not that much
yet too much for a human heart

it burst

nestling his red head on a bunch of blossoming sunflowers.

and only
the old covered with dust shoes grin
with the aged half-grimace of millionaire

(Gdańsk, 1971)

Trans. by Genevieve Legowski

This poem received a honorable mention on the VI Ogólnopolski
Studencki Konkurs Literacki   [national literary competition for
university students] in Katowice in the year of 1973.

Dyptyk

Homer

(na marginesie dramatu Tadeusza Gajcego)

na stromym brzegu stoi drzewo
z głową ciężko zwieszoną ku wodzie
a słońce jest tak gorące

dlaczego dźwigasz ciemność w oczach
Homerze
wszak minęły już lata wygnania –
pożółkły laur przywiózł Hippiasz
i puste źrenice wypełniła gorycz

wróciłeś na Chios
Homerze
Nie oszczędza Cię bóg

Orchidea

Euryklea powiedziała:
nie ma tam ciebie -
kruchej i wiotkiej jak trawa morska

błagałaś o łaskę nie dla siebie –
obraziłaś boga
Orchideo

bolą słowa płomieniem w skroniach
na ostrej jak grot oszczepu Chios

rapsod śpiewa
lecz nie ma tam ciebie

za wiele szczęścia...

uśmiecha się zatoka
i ścieżka w gaju oliwnym:

będziesz zawsze.

(Gdańsk, 1972)

138

Diptych

Homer

(Inspired by Tadeusz Gajcy's drama)

on a steep seashore stands a tree
with its head hanging heavily toward the water
and the sun is so hot

why are you carrying heavy weight of darkness in your eyes
Homer
the years of exile are gone –
Hippias brought you a yellowed laurel wreath
and the empty pupils are full of bitterness

you came back to Chios
Homer
god does not have mercy on you

The Orchid

Eurycleia said:
you're not there –
frail and slender like a sea grass
you asked for charity not for yourself –
you offended god
Orchid

words burn with great pain in the temple
on Chios sharp like spearhead

the rhapsodist sings
but you're not there

too much happiness...

the bay smiles
and alley in the olive garden:

you are forever.

(Gdańsk, 1972)

Trans. by Genevieve Legowski

139

Barabasz

(na marginesie powieści Par Lagerkvista)

Było postanowione w Piśmie
aby uczony Rabbi z Galilei
Syn Boży
umarł nikczemną śmiercią niewolnika

„Miłujcie się nawzajem"...
jak mało znaczy miłość
gdy z ludźmi wiążą nas tylko kajdany

myślę o tobie rudobrody przyjacielu Sahaka
który szedłeś na Golgotę w tyle za innymi
który na wprost grobowca stałeś
ukryty w krzaku tamaryszku...

poczęty w nienawiści
więc można wierzyć nie modląc się na kolanach

dom Pana jest tak wielki...?

(Gdańsk, 1972)

Barabbas

(Inspired by the Par Lagerkvist novel)

It was resolved in the Scripture
that a learned Rabbi from Galilee
the Son of God
will die undignified death of a slave

"Love one another"...
what a meaningless words
when we are tied to each other only by chains

I think about you my red bearded friend of Sahak
who walked to Golgotha behind the others
who stayed in front of the tomb
hidden in the tamarisk bush...

conceived in hatred
so it is possible to believe and not to pray kneeled down

is the house of the Lord that huge...?

(Gdańsk, 1972)

Trans. by Genevieve Legowski

Reminiscencja

Elce

Zapalam świeczkę na stopniach ołtarza
kościół jest wielki i jasny - -
za jasny i za wielki.
nie lubię ogromnych teatrów
zbyt nikły w nich rytuał a za głośne echo
i fałszywe

Zapalam świeczkę na stopniach ołtarza
przyklękam -
moje milczenie jest bezmodlitewne.

Zapalam świeczke na stopniach ołtarza
zupełnie tak samo jak gazowy palnik
i umykam –
tuląc ukradkiem we wnętrzu dłoni
dwie łzy zastygłej stearyny

(Kościół Mariacki w Gdańsku, 1971)

142

Reminiscence

To Elka

I light a candle on the steps of an altar
the church is huge and bright - -
too huge and too bright.
I don't like big theaters
not enough form there, and echo is too loud
and deceitful

I light a candle on the steps of an altar
I kneel down –
my silence is not a prayer.

I light a candle on the steps of an altar
just like I would light a gas burner
and I run –
pressing secretly inside of my hand
two tears of hardened stearin

(St. Mary's Church in Gdańsk, 1971)

Trans. Genevieve Legowski

Mykołka

Pani Natalii Gołębskiej - profesor
dykcji i historii teatru

głuptas Mykoła rab boży
cuchnący
w szale atomów objął dłońmi głowę
nabrzmiałą od zimna i łez

nie szydźcie nie szturchajcie ludzie
pośród anatem i psalmów
cienia korony cierniowej

dziecko pól ukrainnych
żółtych
zmierzwionych jak włosy niemowy
w ciemnej niszy umaić się nie da.

....

śnie fanatyczny
cerkiewny
który wypełniłeś pozór świętości...

(1972)

144

Mykołka

*To Mrs. Natalia Gołębska, diction
and theatrology teacher*

retard Mykoła - God's servant
foul-smelling
amidst atomic madness took in his hands his head
swollen of cold and tears

people, do not sneer, do not nudge
amidst anathemas and psalms
the shadow of torn crown

a child of Ukrainian fields
yellow
disheveled like hair of a mute
in a dark niche cannot be beautified

....

dream fanatical
Orthodox
you became pretense of sacredness...

(1972)

Trans. Genevieve Legowski

Raptem

Krysi Bartkiewicz, aktorce T. Polskiego
w Bydgoszczy

wyskoczyć z szyn stratować przejścia zamknięte
na przełaj ciągnąc pajęcznę
w grona jarzębin
wśród trzasku potrzasków
runąć w jagodniak
gdzie granatowe kochają się żuki
a potem polem pobiec poprzez chabry

heeeeeeeeej!
i dać się całować Cyganowi z łąk

(1972)

Suddenly

To Krysia Bartkiewicz, actress of the
Teatr Polski in Bydgoszcz

to jump of the tracks to trample closed passages
dragging spider web across
rowanberry clusters
amidst traps cracking
to plunge into a blueberry bushes
where navy blue beetles make love
and then run through the fields of cornflowers

hiiiiihoooo!
and allow a meadow Gypsy to kiss you

(1972)

Trans. Genevieve Legowski

Timion Grek

małemu Timionowi z Gdańska,
emigrantowi z Grecji

raz jeden byłeś na dotknięcie dłoni
twoje imię brzmi w uszach wiosną i tymiankiem
nie miałeś z sobą rydwanu ni koni
tylko zamyślenie oliwkowych oczu
kruchości twoich ramion nie pochwycił dłutem
żaden mistrz Hellady

byłeś uczniem drugiej klasy polskiego liceum
sami włożyliśmy ci wieniec z narcyzów
i siłą wyobraźni na blue jeans narzucili chiton
(tak nastąpił twój powrót do pieśni)
imponowało nam twoje postanowienie
by zostać aktorem i podnieść z opadłych liści maskę Aischylosa –

przysiadłeś pośród nas jak znużony Hermes
przydawszy czaru głuchym dźwiękom Bacha
któregośmy słuchali u wspólnego stołu –
sam będąc niczym żywa struna
wyjęta po latach z formingi Homera
obiecałeś zaśpiewać kilka strof „Iliady"

lecz zrobiło się późno
w roztargnieniu zapomniałeś nam podać
numeru swojego mieszkania
zniknąłeś w obcym mieście – tak dla nas rodzinnym
i jeszcze przez moment można było ujrzeć
jak miażdży ono twą samotną postać

czy też odnajdziemy cię w betonowym bloku
gdzie co dzień zatrzaskuje drzwi tysiące ludzi?

(Gdańsk, 1976)

Timion the Greek

To the little Timion from Gdańsk, an immigrant

only one time you were within arm's reach
your name sounds in the ears like spring and thyme
you did not have with you a chariot nor horses
only your olive green eyes lost in thoughts
fragility of your shoulders could not be captured
by no master sculptor of Hellada

you were a student of the second grade of Polish high school
we ourselves put a daffodil garland on your head
and by power of imagination we have thrown a chiton on your jeans
(this is how you found yourself back in a song)
we were impressed with your resolve
to become an actor and to pick up from fallen leaves Aeschylus mask –

you sat among us like tired Hermes
adding charm to the muffled sounds of Bach
we were listening by the common table –
you were like a live string
taken after long time out of Homer's forminga
you promised to sing a few stanzas of "Iliad"

but it was late
you absentmindedly forgot to tell us
your apartment number
you vanished in the strange city – for us so familiar
and still for a moment we could see
how it is crushing your lonely silhouette

will we find you also in a huge cinder block house
where thousands are slamming the doors everyday?

(Gdańsk, 1976)

Trans. Genevieve Legowski

149

Andrzej Trzebiński

Stanisławowi Marczak-Oborskiemu
na pamiątkę spotkań z Andrzejem...

tchnieniem liści brązowych
gradem tłustych kasztanów
płynie jesień

liście czerwone... liście zielone... liście młode... liście zerwane.

jest cisza ciepła w twoich oczach
zachłyśniątych pastelą śmierci
jak mazurkiem Chopina - -

a kasztan w zaciśniętej pięści?
czy będzie kiedyś drzewem?

(1971)

Andrzej Trzebiński (1922-1943) – poeta okupowanej Warszawy, autor liryków, piosenek wojskowych, esejów z teorii dramatu i literatury. Rozstrzelany pod cudzym nazwiskiem w egzekucji ulicznej na Nowym Świecie w Warszawie.

Andrzej Trzebiński

To Mr. Stanisław Marczak-Oborski

with breathing of brown leaves
the fat chestnuts falling
autumn goes by

red leaves... green leaves... new leaves... plucked leaves.

warm silence is in your eyes
relishing pastel of death
like Chopin's mazurka - -

what about chestnut in the clenched hand?
will it become a tree sometime?

(1971)

Trans. by Genevieve Legowski

Andrzej Trzebiński (1922-1943): poet in the occupied Warsaw, author of lyrics, military songs, articles about drama and literature theory. He was shot in a public execution on Nowy Świat street in Warsaw under assumed name.

Werbel poetom Warszawy

Genevieve Łęgowskiej,
tłumaczce moich wierszy

Jeśli jak ja niewprawną dłonią
sięgasz po księgę z krwi nabrzmiałą -
uważaj by nie zranić serca
cierniem co wypadł spośród kartek - -

mój bracie
nie myśl, że ci bronię
poznania, które prawdy zbliża
gdyż odkąd prawdę dym okrywa
niewiele oczy dostrzec mogą
i sercem tylko - wciąż za małym -
ogarnąć zdołasz najprawdziwsze
i to, co często przecież bywa
tak bardzo bliskie choć nieznane.

Był czas
gdy chłopcy bardzo młodzi
przy świec ogarkach grzali dłonie
zaś atrament
i z roztrzaskanych kałamarzy się nie wylewał.

pieśń wtedy każda była czynem
by z czynu znowu pieśnią stać się - -
na miłość czasu nie starczyło
zaklęta w wiersze już na zawsze
jesienią snuje dzieje swoje

Piątego czerwca odszedł Wacław.
Kim był?
Poetą.
Jego cień wciąż jeszcze trwa
przy czarnej bryle Kopernika.

Listopad zabrał nam Andrzeja.
Kim był?
Poetą.
Rzucił nam w twarze „Różę" swą
i rozwiał karty pamiętnika.

Drum Rolls for the Poets of Warsaw

To Genevieve Legowski,
my translator

If you like me with clumsy hand
reach for a book swollen with blood
be careful not to wound a heart
with the torn that fell out of the pages - -

my brother
do not think that I don't want for you to have
this knowledge that gets closer to the truth
because since the truth is covered by smoke
eyes really cannot see that much
and only your heart – still too small –
is able to grasp the real truth,
and this what is so often
so close yet still unknown.

There was a time
when boys so young
were warming hands by candle ends,
and ink
from broken inkwells did not spill.

all songs then were deeds
and deeds turned into songs again - -
and since there was no time for love
it is forever captured in poems
telling its stories in the time of autumn

On the fifth of June departed Waclaw
Who was he?
A poet.
His shadow is still present
by the black lump of Copernicus.

In November we lost Andrew.
Who was he?
A poet.
He has thrown his "Rose" in our faces
and put to the wind the pages of his memoirs.

Czwartego sierpnia zginął Krzysztof.
Kim był?
Poetą.
Szczęśliw, kto odnalazł już
własny inicjał na pomnikach.

Szesnasty zapisany śmiercią
Dwóch
Nierozłącznych.
Przyjaźni tej zrządzeniem losu
granaty grają Magnificat.

Ostatni druh powraca wrześniem
Zaś najwierniejszy lipcem pali
I nie wiadomo kto z nich Villon
A który serce miał ze stali.

Graj werblu, graj, graj Pieśń Warszawy
Wygraj imiona i dni wszystkie
Graj im i nam na wieczną chwałę
Wszak my bierzemy z nich nazwiska.

(1975)

Wiersz poświęcony poległym poetom okupowanej Warszawy, a byli
to: Wacław Bojarski (1921-1943), Andrzej Trzebiński (1922-1943),
Krzysztof Kamil Baczyński (1921-1944), Tadeusz Gajcy
(1922-1944) i Zdzisław Stroiński (1921-1944), Wojciech Mencel
(1923-1944) oraz ten, który przeżywszy piekło wojny i obozu
koncentracyjnego - Tadeusz Borowski (1922-1951), popełnił
samobójstwo w sześć lat po wojnie, nie mogąc znieść bolszewickiej
rzeczywistości w zniewolonej i zdradzonej przez aliantów Polsce.

On the fourth of August Christopher died.
Who was he?
A poet.
Lucky are the ones who found already
their initials on memorials.

The sixteenth will be remembered for the death
Of the Two
Inseparables.
Fate provided that for this friendship
Magnificat was played by grenades.

The last one comes back in September
And the most faithful in July
Nobody knows who was Villon,
And who's heart was made of steel.

Drums, drum the Song of Warsaw
Drum all the names and days
Drum this for their and our eternal glory
Because we get our names from them.

(1975)

Trans. Genevieve Legowski

This poem is dedicated to the fallen poets of occupied Warsaw. Their names are: Wacław Bojarski (1921–1943), Andrzej Trzebiński (1922–1943), Krzysztof Kamil Baczyński (1921–1944), Tadeusz Gajcy (1922–1944), Zdzisław Stroiński (1921–1944), Wojciech Mencel (1923–1944), and the only one who survived: Tadeusz Borowski, (1922–1951). Tadeusz Borowski survived hell of the war and concentration camp but could not take Bolshevik reality of Poland betrayed by her allies. Six years after the war Borowski committed suicide.

MIROSŁAWA MARIA KRUSZEWSKA, ur. 1950 r. w Gdańsku, jest absolwentką filologii polskiej Uniwersytetu Gdańskiego (1975), ze specjalizacją edytorską i teatrologiczną. Oprócz poezji zajmuje się także krytyką literacką, felietonistyką, reportażem i publicystyką polityczną. W Polsce związana najsilniej ze środowiskiem teatralnym i literackim Wybrzeża, debiutuje audycją poetycką na antenie Polskiego Radia Gdańsk (1977). Jako krytyk teatralny i literacki współpracuje z gdańskim tygodnikiem Czas, Dziennikiem Bałtyckim, Gdańskim Almanachem Środowisk Twórczych "Punkt", jak również z katolicką prasą warszawską. W roku 1978 wydaje zapomniany poemat Stanisława Przybyszewskiego Nad morzem, opatrując go słowem wstępnym i przygotowując do druku w Wydawnictwie Morskim w Gdańsku.

Na emigracji od września 1981 roku. Studia doktoranckie odbywa w Chicago; jest konsultantem prof. Pauline H. Isaacson, dyrektora International Exchange Students Program na University of Wisconsin; krótko publikuje w londyńskim Dzienniku Polskim, a następnie w czołowych pismach polskich w USA - Gwiazda Polarna, Nowy Dziennik, Dziennik Chicagowski i Nowojorski, tygodnik Relax, Nowe Życie, My, Miesięcznik Franciszkański i in.); w Kanadzie - High Park, Głos Polski, Echo, Pielgrzym, Gazeta Informacyjna; we Francji - Kultura paryska, Zeszyty Historyczne, Notre Famille, w Australii - Tygodnik Polski. Obecnie współpracuje z chicagowskim Dziennikiem Związkowym.

Kruszewska publikowała pod licznymi pseudonimami. Felietony podpisywała: Koszałek, Marycha, Balbina; publicystykę – ks. Bogusław Malinowski; krytykę literacką - Mikołaj Jarociński i Anastazja Jaworska. Wiele artykułów ukazywało się jedynie pod inicjałami mk lub mb lub wprost bezimiennie.

Publikacje Kruszewskiej, poświęcone początkom osadnictwa polskiego w Ameryce są pierwszą próbą uporządkowania badań nad historią wychodźstwa polskiego w USA. W roku 1991 otrzymała ona nagrodę The Maria Dusza Memorial Fund za publicystykę dokumentalno-interwencyjną o tematyce emigracyjnej. Jej wydawnictwo literackie, Oficyna Poetów i Prozaików (OPiP), ma na swoim koncie bibliofilskie wydania takich pozycji, jak Wybór poezji ks. Janusza A. Ihnatowicza czy Kazania wakacyjne ks. Stanisława Kowalskiego.

Zbiór poezji Kruszewskiej, który obecnie trafia do rąk Czytelnika, jest wydaniem drugim, uzupełnionym. Wydanie pierwsze ukazało się w Andre R. Poray Book Publishing, New York-Chicago, w 1987, z przeznaczeniem dla odbiorcy krajowego. Dzięki staraniom ks. dr. Zdzisława Peszkowskiego oraz ks. dr. Romana Nira (czołowego działacza Pomostu ze Środkowego Wisconsin), nakład pierwszego wydania został w całości przekazany do Polski wraz z publikacjami innych twórców emigracyjnych (Ludwiki Czerskiej, Zbigniewa Chałki, Andrzeja Chciuka, Józefa Mackiewicza i Wacława Iwaniuka).

Tom W pułapce wolności otrzymał m.in. nagrodę im. Józefa Mackiewicza (1988), ufundowaną przez Mariana Święcickiego w ramach nagród literackich przyznawanych przez Towarzystwo Krzewienia Nadziei Oddział Wisconsin.

Mirosława Kruszewska jest członkiem londyńskiego Związku Pisarzy Polskich na Obczyźnie.

Obecnie mieszka z mężem Bogusławem w Seattle, w stanie Washington.

(e.d.)

MIROSŁAWA M. KRUSZEWSKA, born in Gdańsk, Poland, received her M.A. in Polish Philology from the University of Gdańsk in 1975. During her study she specialized in editing and theatre. She is not only a poetess but also a literary critic, essayist, reporter and political writer. When in Poland she was very much involved in activities of literary and theatrical circles of the Wybrzeże region. In 1977 Kruszewska made her radio debut in Gdańsk presenting poetry on her own program. She was also a literary and theatrical critic for various newspapers and magazines: weekly Czas, newspaper Dziennik Bałtycki, Magazine of Artists and Writers of Gdańsk Punkt, and Catholic press published in Warsaw. In 1978 she published Nad morzem (By the Sea), forgotten poem by Stanisław Przybyszewski. She wrote the introduction and prepared the poem for release in the publishing company Wydawnicwo Morskie in Gdańsk.

Kruszewska emigrated from Poland in 1981. She finished her doctoral study in Chicago, was an advisor of Professor Pauline H. Isaacson, creator and director of the International Student Exchange Program at the University of Wisconsin. For a short while she worked with Dziennik Polski (Polish daily published in London.). She also published in the best Polish newspapers and magazines in the United States: Gwiazda Polarna, Nowy Dziennik, Dziennik Chicagowski, Dziennik Nowojorski, weekly Relax, Nowe Życie, My, also in Miesięcznik Franciszkański and other publications. She wrote articles for papers published in Canada: High Park, Głos Polski, Echo, Pielgrzym, Gazeta Informacyjna; in France: Kultura, Zeszyty Historyczne and Notre Famille; in Australia: Tygodnik Polski. Her work appears in Dziennik Zwiazkowy, published in Chicago.

Kruszewska very often published under pseudonyms. Some of her essays were signed Koszałek, Marycha, Balbina; political commentaries – Rev. Bogusław Malinowski; literary critiques: Mikołaj Jarociński and Anastazja Jaworska. Many articles were initialed mk or mb or were published without signature. Her works concerning the first Polish settlers in America were the first attempt to establish some order in the research of the chronicles of the first Polish immigrants in the U.S.A. In 1991 Kruszewska received The Maria Dusza Memorial Fund award for documentary writings relating to the assimilation of Polish immigrants.

Kruszewska's publishing company Oficyna Poetów i Prozaików (Poets' and Authors' Press) is credited for releasing great books like Wybór poezji (Selected Poetry) by Rev. Janusz A. Ihnatowicz or Kazania wakacyjne (Summer Sermons) by Rev. Stanisław Kowalski.

This bilingual book is the second, expanded edition. The first edition was released in 1987 by Andre R. Poray Book Publishing, New York-Chicago, and was intended for readers in Poland then under the Communist regime. Thanks to the dedication of Msgr Zdzisław Peszkowski, Ph.D., and Msgr Roman Nir, Ph.D., a prominent member of the Pomost political organization from Central Wisconsin, the whole edition was sent to Poland together with publications of other Polish immigrant writers (Ludwika Czerska, Zbigniew Chałko, Andrzej Chciuk, Józef Mackiewicz, Wacław Iwaniuk).

The book Trapped in Freedom received the Józef Mackiewicz Award funded by donation by Marian Święcicki (1988). This award was granted by the jury of Towarzystwo Krzewienia Nadziei Oddział Wisconsin (Society for Proliferation of Hope).

Mirosława Kruszewska is a member of the Związek Pisarzy Polskich na Obczyźnie in London (Union of Polish Writers Abroad).
She lives in Seattle, Washington, with her husband, Bogusław Kruszewski, and two sons.

(e.d. – j.m.; G.L.)

SPIS TREŚCI
CONTENTS

Z cyklu: „Migawki amerykańskie" (American Pictures)

Z cyklu: „Całopalenie" (Immolation)

Juvenilia

Printed in the United States
201794BV00012B/1-51/P